# Ivo Zitterbart

## Inklusion und Selbstbestimmung von Menschen mit geistiger Behinderung. Neue Angebote und Wohnformen

**Bibliografische Information der Deutschen Nationalbibliothek:**

Die Deutsche Nationalbibliothek verzeichnet diese Publikation in der Deutschen Nationalbibliografie; detaillierte bibliografische Daten sind im Internet über http://dnb.d-nb.de abrufbar.

**Impressum:**

Copyright © Studylab

Ein Imprint der GRIN Verlag, Open Publishing GmbH

Druck und Bindung: Books on Demand GmbH, Norderstedt, Germany

Coverbild: GRIN | Freepik.com | Flaticon.com | ei8htz

# Inhaltsverzeichnis

## Abstract

Die Arbeit handelt von Angeboten und Wohnformen für Menschen mit Behinderung in den Ländern Schweden, Großbritannien und Deutschland, unter der Betrachtung der Paradigmen Inklusion und Selbstbestimmung. Menschen mit Behinderung galten lange Zeit als krank und durften kein selbstbestimmtes Leben führen. Bezüglich der Wohnformen, Gesetzmäßigkeiten und Behindertenpolitik hat sich dieses Bild in den letzten Jahrhunderten zum Positiven verändert. Mittels der Fragestellungen: „Welche Wohnformen gibt es in Großbritannien, Schweden und Deutschland um ein inklusives und selbstbestimmtes Leben zu führen?" und „Können bestimmte Wohnformen in das deutsche System integriert werden?" bildet sich die Grundlage der Arbeit. Mithilfe der ausgewählten Fachliteratur wurde es möglich diese Thematik ausführlich darzustellen und auf den Ländervergleich einzugehen. Herausgefunden wurde, dass es in Deutschland viele stationäre Wohnangebote gibt, in Schweden das System auf das persönliche Budget ausgelegt ist und Großbritannien ein ähnliches Bild wie Deutschland aufweist. Durch Gesetzesänderungen kann auch in Deutschland eine gleichwertige Hilfe für Menschen mit Behinderungen, wie in Schweden geschaffen werden. Zusätzlich sollte eine Veränderung der Finanzierung der Behindertenhilfe auf politischer Ebene vorgenommen werden.

The Thesis deals with Offerings and forms of housing for humans with disabilities in the countries Sweden, Great Britain and Germany under contemplation of the paradigms Inclusion and Self-determination. For a long time people with disabilities were held sick and not allowed to live a self-determined life. With regard to the forms of housing, laws and policies for disabled people the situation improved significantly during the last centuries. In this context the Thesis imposes following research questions: "Which forms of housing are there in Great Britain, Sweden and Germany to ensure inclusive and self-determined living? and "Can certain forms of housing be integrated into the German system?". By means of selected literature it was enabled to elaborately illustrate this topic in a country comparison. It was found that in Germany as well as Great Britain many stationary offers of accommodation are existing, while in Sweden the system is rather based on the personal budget. With changes in law it would be possible to also provide an equivalent support for people with disabilities in Germany, just like in Sweden. Additionally it is required to take actions of adjusting the funding of the disability care on a political level.

# Tabellenverzeichnis

# 1 Einleitung

Über einen sehr langen Zeitraum fanden Menschen mit Behinderungen keinen positiven Anschluss in der Gesellschaft. Sie galten als krank, absonderlich und pflegebedürftig. Durch diese negativ belasteten Vorurteile war die Gesellschaft der Auffassung, Einrichtungen erbauen zu müssen, in denen die Menschen mit Behinderungen untergebracht und betreut werden sollten. Aus diesem Grund entstanden besonders in den 70er und 80er Jahren in Deutschland viele Anstalten und Heime. In dieser Zeit herrschte die Institutionalisierung der Behindertenhilfe vor.

Durch Proteste der Eltern von Menschen mit Behinderungen und ihnen selber, sowie Fachleuten der Behindertenhilfe, konnte ein Wandel des Wohnens angestoßen werden. Die neuen Leitprinzipien lauteten hierbei Normalisierung und Integration, bis hin zur Inklusion von Menschen mit Behinderungen. In den letzten Jahrzehnten kam es verstärkt zu einer Dezentralisierung. Durch sie konnte erreicht werden, dass viele Anstalten mit über 500 Plätzen geschlossen und ihre Plätze auf mehrere Wohnungen verteilt wurden. Zu diesen Einrichtungen gehörten insbesondere Wohnkomplexe oder große Heimanlagen. Es entstanden viele unterschiedliche Wohnangebote mit der Tendenz zum ambulanten Wohnen.

Auch in den Gesetzestexten erfolgte eine starke Veränderung und Strukturierung der Reglementierungen zur Hilfe und Unterstützung für Menschen mit Behinderungen. Im Jahr 1994 kam es zu einer Erweiterung des Art. 3 Abs. 3 Satz 2 GG, mit dem Inhalt, dass Menschen mit Behinderungen ebenfalls in das bestehende Benachteiligungsverbot aufgenommen wurden. Ab diesem Zeitpunkt entstand eine besondere Verpflichtung für die Politik, aber auch für die Gesellschaft, im Bereich der Integration (vgl. Bundesministerium für Arbeit und Soziales 2016, S. 174). 2001 entstand durch das in Kraft treten des SGB IX eine Strukturierung der Gesetze für Menschen mit Behinderungen. Außerdem schaffte es die rechtliche Grundlage für die Selbstbestimmung und Teilhabe behinderter Menschen am gesellschaftlichen Leben (vgl. Bundesministerium für Arbeit und Soziales 2016, S. 178). Im August 2006 folgte das Allgemeine Gleichbehandlungsgesetz. Es sollte vor allem die Diskriminierung am Arbeitsplatz und im privaten Bereich von Menschen mit Behinderungen eindämpfen. Schließlich setzte sich die Entwicklung mit der „UN – BRK" („Übereinkommen der Vereinten Nationen über die Rechte von Menschen mit Behinderungen) im Jahr 2006 fort. Diese trat am 26. März 2009 in Deutschland in Kraft. Zur Umsetzung der Reglementierungen der UN – BRK hat die Regierung einen Nationalen Aktionsplan mit über 200 Maßnahmen entwickelt. Dieser Plan ist jedoch nicht als ein fertiges Dokument anzusehen. Es kann weiterhin der Behindertenhilfe angepasst werden, um so möglichst zielführend die Selbstbestimmung und Inklusion berücksichtigen zu können (Bundesministerium für Arbeit und Soziales 2016, S. 182).

Trotz der vielen Veränderungen und Entwicklungen in Deutschland, seit dem Paradigmenwechsel der 90er Jahre, ist das Wohnen für Menschen mit Behinderung im Vergleich zu anderen westlichen Industrienationen, wie USA, Großbritannien, Schweden und Norwegen, weit hinterher. In den USA leben heute mehr als 80 % der Menschen mit Behinderungen nicht bei sich zu Hause, sondern in Einrichtungen mit weniger als 16 Plätzen, wobei davon 80 % der Menschen in Wohnhäusern mit maximal 6 Plätzen leben (vgl. Theunissen 2013, S.412). Durch diese kleinen Gruppen können die Wahl- und Meinungsfreiheiten besser berücksichtigt werden, um das Ziel der Selbstbestimmung zu erreichen.

Aus der Statistik der Sozialhilfe kann entnommen werden, dass im Jahr 2013 in Deutschland noch von insgesamt 834.494 Menschen 53 % in Einrichtungen, 36 % außerhalb von Einrichtungen und 11 % sowohl außerhalb, als auch in Einrichtungen leben (vgl. DESTATIS 2015, S.8). Diese Ergebnisse liefert die Statistik mit kleinen Abweichungen seit 2010. Von den 15.6 Milliarden Euro, die in die Einzelleistungen der Eingliederungshilfe für behinderte Menschen im Jahr 2013 investiert wurden, sind die Hilfen zum selbstbestimmten Leben in betreuten Wohnmöglichkeiten, mit einem Anteil von 36 %, die größte Belastung (vgl. DESTATIS 2015, S. 10). Hieran ist zu erkennen, dass in Deutschland weiterhin viele Menschen in Einrichtungen leben, die hier meistens jedoch mehr als 50 Plätze beinhalten. Durch den großen Anteil der Geldleistungen für das selbstbestimmte Wohnen wird viel in Richtung ambulant betreutes Wohnen verübt.

Ich habe mich für dieses Themengebiet entschieden, da ich einen Bruder mit einer geistigen Behinderung habe, ein mehrmonatiges Praktikum in einer stationären Einrichtung der Behindertenhilfe absolvierte und momentan als persönliche Assistenz für eine Familie arbeite, in der die Eltern von drei Kindern beide eine geistige Behinderung diagnostiziert bekommen haben. Da ich fast täglich mit allen drei Wohnmöglichkeiten und Lebenssituationen beschäftigt bin, möchte ich mich mit den Möglichkeiten, welche Menschen mit Behinderungen haben, um ein selbstständiges Leben zu erfahren, beschäftigen.

Mit den Fragestellungen: „Welche Wohnformen gibt es in Großbritannien, Schweden oder Deutschland, um ein selbstbestimmtes und inklusives Leben zu führen?"

und „Können bestimmte Wohnformen in das deutsche System integriert werden?", bilde ich die Grundlage meiner Arbeit. Hierbei sollen am Anfang Grundlagen und Begriffe geklärt werden, um ein besseres Verständnis für die folgenden Kapitel zu erreichen. Im Anschluss werden die einzelnen Wohnformen der genannten Länder beispielhaft erläutert und im Zusammenhang mit der jeweiligen Sozialpolitik und den Gesetzen verknüpft.

Im darauffolgenden Kapitel erfolgt eine Auswertung in Form eines Vergleiches der Länder. Er zielt darauf ab, ob professionelle Ansätze aus den Ländern Schweden, oder Großbritannien auch in Deutschland unter den heutigen sozialpolitischen und sozialrechtlichen Anforderungen eröffnet werden können.

Mithilfe des Vergleiches, habe ich das Ziel, neue Erkenntnisse zu erlangen, die in dem Bereich der Behindertenhilfe so eingesetzt werden können, dass die Einsatzfelder der Sozialen Arbeit zur Verbesserung der aktuellen Wohnsituation vieler Menschen mit Behinderungen beitragen kann.

Durch das am Schluss dieser Bachelorarbeit folgende Fazit, werden mit Hilfe der wichtigsten Zusammenfassungen und Schlussfolgerungen der vorhergehenden Kapitel und einem daraus resultierenden Ausblick, ein Überblick der gesamten Komplexität des Themas gegeben.

# 2 Grundlagen und Begriffe

Im folgenden Kapitel wird der Begriff der Behinderung, insbesondere der geistigen Behinderung näher erläutert. Zudem folgen die Begriffe Partizipation, Community Care und Empowerment in Bezug zum Wohnen. Anschließend wird die Selbstbestimmung und Autonomie der Menschen mit Behinderungen an heutigen Beispielen dargestellt und der Weg zur Inklusion aufgezeigt. Dieses Kapitel soll einen ausführlichen Überblick über die einzelnen Fachbegriffe und Grundlagen aufzeigen, um das Verständnis im weiteren Verlauf meiner Arbeit nicht einzuschränken.

## 2.1 Geistige Behinderung

Zuerst werde ich den geschichtlichen Kontext erläutern, um die Entwicklung des Begriffs der letzten Jahrhunderte aufzuzeigen.

Im 18. Jahrhundert wurden Menschen mit Behinderungen als „Idioten" bezeichnet und standen somit in der gesellschaftlichen Hierarchie ganz unten. Mitte des 19. Jahrhunderts entstanden Pflege- und Heilanstalten, um sie von der anderen Bevölkerung fern zu halten. In den 60er Jahren wurde die geistige Behinderung als eine Art organische Störung aufgenommen. Aus diesem Grund glaubten die Forscher zu wissen, wie sich ein Autist fühlt, denkt oder handelt. Menschen mit Behinderungen galten seitdem als bildungsunfähig. Sie hatten die Wahl in den Herkunftsfamilien zu bleiben, oder in Anstalten zu gehen (vgl. Gerspach 2004, S. 9f.). Die Lebensbedürfnisse und Entwicklungsvoraussetzungen wurden kaum berücksichtigt. Das Personal in diesen Einrichtungen nannten die Bewohner „Insassen". Hieran ist bereits die Unausgewogenheit des Systems deutlich geworden. Zudem bestand die Aufgabe, die Bewohner von dem alltäglichen Leben fern zu halten (vgl. Gerspach 2004, S. 11.). Auch die gesetzlichen Vorgaben hinsichtlich des Geschlechts eines Mädchens oder einer Frau wurden durch die Rechtsprechung bestimmt. So gab es von 1945 – 1973 das Gesetz zur „Unfruchtbarmachung minderwertigen Lebens", ab 1973 dann nur noch durch Anweisung oder Zustimmung des Vormundes (vgl. Gerspach 2004, S. 12f.). Erst ab 1992 gab es eine einheitliche Untersagung solcher Eingriffe. Global gesehen hat sich in den Nachkriegszeiten viel getan für Menschen mit Behinderungen. Das Normalisierungsprinzip aus den 50er Jahren wurde in Dänemark von Bank – Mikkelsen entwickelt und prägte die deutsche Denkweise ungemein. Es war der erste Schritt den Menschen ein selbstbestimmtes Leben in der Gesellschaft ermöglichen zu können. In den 60er Jahren gab es eine Independent – Living – Bewegung in den USA (vgl. Gerspach 2004, S. 14). Daraufhin eröffneten

Selbsthilfegruppen, Clubs und Vereine, die eine Beratung außerhalb von Einrichtungen angeboten hatten. In den 80er Jahren gründete sich der Verein „Förderung der Integration Behinderter" in Marburg. Sie hatten sich auf das Empowerment – Konzept aus den 70er Jahren der USA berufen und arbeiteten mit Dienstleistungscharakter. Ab diesem Zeitpunkt wurde die Soziale Arbeit im Bereich der Behindertenhilfe professionalisiert (vgl. Gerspach 2004, S. 18).

Auch im wissenschaftlichen Kontext hat sich der Begriff im Laufe der Zeit verändert.

Wie im vorhergehenden Abschnitt bereits beschrieben, hat sich die Bezeichnung „geistige Behinderung" schon über viele Jahrhunderte hinweg mehrmals einer Veränderung unterzogen, doch auch der wissenschaftliche Kontext entwickelte sich weiter. So wurden die Menschen Idioten, Blödsinnige, Schwachsinnige, Oligophrene, Geistesschwache oder geistig Behinderte genannt (vgl. Frach 2015, S.15-18.).

Der Begriff der geistigen Behinderung kam 1958 durch eine Elternvereinigung der Lebenshilfe auf. Dieser löste alle vorhergehenden Bezeichnungen ab. Auffällig ist jedoch, dass die Bezeichnung „Geistig Behinderte" auf das Defizit der Behinderung abstellt. Deshalb ist nicht die Person im Mittelpunkt der Ansprache, sondern der Bereich, der an dem Menschen einen besonderen Unterstützungsbedarf erfordert. Im Zuge der Integrations- und Inklusionsbemühungen wurde daher der Sprachgebrauch angepasst: Menschen mit besonderem Unterstützungsbedarf, besonderen Bedürfnissen oder mit speziellem Förderbedarf sind die aktuellen Bezeichnungen für Menschen mit Behinderungen (vgl. Theunissen 2016, S. 11).

Die Publikation der Bildungskommission des Deutschen Bildungsrates definiert die geistige Behinderung im Jahr 1973 wie folgt:

„[...] geistig behindert ist, wer infolge einer organisch-genetischen oder anderweitigen Schädigung in seiner psychischen Gesamtentwicklung und seiner Lernfähigkeit so beeinträchtigt ist, daß er voraussichtlich lebenslanger sozialer und pädagogischer Hilfen bedarf. Mit den kognitiven Beeinträchtigungen gehen solche der sprachlichen, sozialen, emotionalen und der motorischen einher. Eine ‚untere Grenze' sollte weder durch Angabe von IQWerten noch durch Aussprechen einer Bildungsunfähigkeit festgelegt werden, da grundsätzlich bei allen Menschen die Bildungsfähigkeit angenommen werden muß" (Frach 2015, S. 14).

Das darauffolgende Bundessozialhilfegesetz ordnete die geistige Behinderung im Jahr 1975 derartig ein:

**BSHG §47V § 2 Geistig wesentlich behinderte Menschen**

Geistig wesentlich behindert im Sinne des § 39 Abs. 1 Satz 1 des Gesetzes sind

Personen, die infolge einer Schwäche ihrer geistigen Kräfte in erheblichem Umfange in ihrer Fähigkeit zur Teilhabe am Leben in der Gesellschaft eingeschränkt sind. (juris GmbH 1975, S. 2)

Trotz dessen die beiden Definitionen in den 70er Jahren entstanden, werden sie heutzutage häufig in der Literatur verwendet.

Generell kann festgehalten werden, dass eine geistige Behinderung nicht nur durch soziale Strukturen, sondern auch durch medizinische Störungen, beziehungsweise Auffälligkeiten, erkennbar wird. Aus diesem Grund existiert eine Klassifikation nach dem ICD – 10 Code der Weltgesundheitsorganisation und dem DSM – 5 der American Psychiatric Association (vgl. Theunissen 2016, S. 17).

Nach dem ICD – 10 Code ist die geistige Behinderung unter dem Begriff „Intelligenzminderung" (F70) zu finden.

| Grad der Intelligenzminderung | IQ – Bereich / Begriffe |
| --- | --- |
| Leichte Intelligenzminderung | IQ 50 – 69 / leichte geistige Behinderung |
| Mittelgradige Intelligenzminderung | IQ 35 – 49 / mittelgradige geistige Behinderung |
| Schwere Intelligenzminderung | IQ 20 – 34 / schwere geistige Behinderung |
| Schwerste Intelligenzminderung | IQ unter 20 / schwerste geistige Behinderung |

Tab. 1: Intelligenzminderung
(DIMDI 2016, Intelligenzminderung)

Der DSM – 5 fasst die geistige Behinderung in 3 Kriterien:

1. Durch unterdurchschnittliche, allgemeine intellektuelle Leistungsfähigkeit;

2. Durch eine starke Einschränkung der Anpassungsfähigkeit in mindestens zwei der folgenden Bereiche: Kommunikation, eigenständige Versorgung, häusliches Wohnen, soziale Fähigkeiten und Fertigkeiten, Nutzung öffentlicher Einrichtungen, Selbstbestimmung, Gesundheit und Sicherheit, funktionale schulische Leistungen (Kulturtechniken) Freizeit und Arbeit;

3. Durch einen Zeitfaktor, nach dem der Beginn einer geistigen Behinderung (Entwicklungsstörung) vor dem Alter von 18 Jahren liegen muss (Theunissen 2016, S.18).

Ein Vergleich dieser beiden Systeme verdeutlicht, dass der ICD – 10 Code auf die Intelligenz und den dementsprechendem IQ Wert abstellt. Eine für die heutigen Anforderungen gerechtere Art und Weise ist das System des DSM – 5, da hier nicht nur auf Intelligenz, sondern auch auf die sozialen Beziehungen, sowie Fähigkeiten eingegangen werden.

## 2.2 Wohnen

Das Wohnen ist für jeden Menschen ein besonderes Grundbedürfnis. Jeder will sich in seinen eigenen vier Wänden verwirklichen können und wohlfühlen dürfen. Menschen mit einer Behinderung haben oftmals nicht die Möglichkeiten ohne eine Betreuung und/oder Assistenz selbstständig einen Haushalt führen zu können. In den letzten Jahren, seit der Verabschiedung der UN-Behindertenrechtskonvention, hat sich in Deutschland vieles zum Positiven im Bereich der Behindertenhilfe entwickelt. Diese Veränderungen tangierten besonders den Bereich des selbstständigen Wohnens. Auf Grundlage dessen entstanden bis heute viele verschiedene ambulante Hilfsformen. Unter der Vorgabe „ambulant vor stationär" versucht Deutschland die Menschen aus den unterschiedlichsten stationären Wohnformen zu bekommen und durch die ambulanten Hilfeformen ein selbstbestimmtes Leben und Wohnen zu ermöglichen.

Wie wichtig das Wohnen für Menschen mit Behinderungen wirklich ist, stellt eine Untersuchung des Paritätischen Wohlfahrtsverbandes im Raum Darmstadt dar. Es wurden 9 Menschen mit Behinderungen befragt und bezüglich der jeweiligen, aktuellen Wohnform in drei Gruppen eingeteilt (vgl. Gerspach 2004, S, 53f.).

1. Ambulantes Wohnen
2. Stationäres Wohnen
3. Wohnen im Elternahaus

Durch Gruppendiskussionen konnten wohnspezifische Fragen gestellt werden. Sie fanden heraus, dass alle Menschen mit Behinderungen, die befragt wurden, offensichtliche Probleme hatten, selbst zu bestimmen oder nach eigenen Lösungswegen zu suchen. Man könnte meinen, dass dieses Ergebnis aus der lebenslangen Fremdbestimmung resultiert (vgl. Gerspach 2004, S, 58-60.). Die Menschen mit einer geistigen Behinderung zeigten eine starke Verbundenheit zu den Angehörigen im häuslichen Umfeld. Durch die Dankbarkeit und Angepasstheit entstand eine konditionierte Nicht – Selbstständigkeit. Alle diese Ergebnisse sind unter Betrachtung der Selbstbestimmung und Inklusion alles andere als zufriedenstellend. Aus diesem

Grund müssen Lösungsvorschläge gefunden werden, besonders in der Heilpädagogik, sodass Mitteilungen der Menschen mit Behinderungen ernst genommen werden können. Auch in den Elternhäusern bedarf es an Unterstützung. Oftmals handeln die Eltern aufgrund von Schuldgefühlen mit einer Überbehütung (vgl. Gerspach 2004, S, 75-78.).

Wenn der Bereich des Wohnens für den Menschen durch negative Belastungen geprägt ist, können auch andere Lebensbereiche entsprechend eingeschränkt sein. Der eigene Rückzugsort ist ein Raum zur Erholung, er bietet Schutz und Sicherheit und wenn alle diese Bedürfnisse nicht ausgelebt werden können, kann ein Mensch nicht leistungsfähig arbeiten, sich nicht frei entfalten und nach seinen eigenen Wünschen und Vorstellungen leben. Von entsprechend hoher Priorität ist der Paradigmenwechsel der Hilfe für Menschen mit Behinderungen (vgl. Seifert 2006, S. 376-383).

In den folgenden Abschnitten dieses Kapitels werde ich Begriffe erklären, die eng im Zusammenhang mit dem Wohnen für Menschen mit Behinderung stehen. Sie sind im Hinblick auf die Selbstbestimmung und dem Inklusionsgedanken von großer Bedeutung. Es handelt sich um die Begriffe Community Care, Partizipation und Empowerment.

### 2.2.1 Community Care

Das Community Care Konzept wurde in den 90er Jahren in Großbritannien und Schweden entwickelt. Es bedeutete einen Paradigmenwechsel der bisherigen Behindertenhilfe hin zu Partizipation / Teilhabe und Empowerment und beinhaltet somit die folgenden Begrifflichkeiten dieses Kapitels. Die Menschen mit Behinderungen sollten nicht weiter als „die Klienten oder die zu Betreuenden" gesehen werden, sondern als gleichberechtigte Bürger*innen (vgl. Aselmeier 2003, S. 16f.).

Community Care ist eine Art Steuerungsmodell, welches sich auf die individuellen Bedürfnisse der Menschen mit Behinderungen einstellen soll. Dies geschieht innerhalb der lokalen sozialen Dienstleistungen. Es soll jedoch nicht als eine Neuschaffung von Wohnformen gesehen werden, sondern vielmehr als eine Art Lösungsansatz, welcher ein selbstständiges Leben in der Gemeinde fördern kann. Dahingehend sollen bereits vorhandene Ressourcen so genutzt werden, dass diese individuell auf die Bürger*innen mit Behinderungen angepasst werden können. Das Hauptziel besteht darin, dass große Anstalten mit mehr als 500 Plätzen zum Umdenken gebracht werden und eine Deinstitutionalisierung erfolgen kann (vgl. Aselmeier 2003, S. 21f.).

In der deutschen Sprache existiert kein Wort, welches als Übersetzungsvariante für Community Care dienen könnte (vgl. Schablon 2003, S. 1). Einzeln angesehen hat der Begriff „Community" die Bedeutung „Gemeinde und Gemeinschaft". „Care" bedeutet in diesem Zusammenhang dem Menschen die Hilfe zu geben, die er benötigt, um sein Leben fortsetzen zu können. In Bezug auf Menschen mit Behinderungen, insbesondere mit geistigen Behinderungen, bedeutet dies, dass eine Fürsorge und Zugehörigkeit in der Gemeinschaft in Form eines sozialen Netzwerks bis hin zu einem sozialen Hilfenetzwerk entsteht (vgl. Theunissen 2013, S. 68f.).

Als Umsetzungsbeispiel für Deutschland habe ich mich für die Evangelische Stiftung Alsterdorf in Hamburg entschieden. Durch ein europäisches Projekt lernte der Träger Community Care kennen. Sie eigneten sich sehr gut aufgrund der hohen Zahlen im Bereich der stationären Aufnahme von Menschen mit Lernschwierigkeiten. Die Stiftung setzte sich ausgiebig mit dem Begriff auseinander und versuchte die Inhalte weitestgehend umzusetzen. In den Ergebnissen des Abschlussberichtes sind mehrere Inhalte zu finden, die Menschen mit Behinderungen in ihrer Lebens- und Handlungsweise unterstützen. Zum einen wurden Menschen mit geistiger Behinderung mit allen Rechten und den dazu gehörenden Pflichten anerkannt. Sie wurden in das Gemeinwesen eingegliedert und können dort arbeiten, wohnen und ihre Freizeit verbringen. Sie können auf professionelle Hilfestellungen zurückgreifen, wenn schwierige Situationen auftauchen und müssen sich dabei nicht nur an eine Einrichtung wenden, sondern können auf das gesamte Netzwerk zugreifen. Im Allgemeinen wurde durch die Umsetzung des Community Care Ansatzes die Selbstbestimmung und Teilhabe am Leben in der Gemeinde gestärkt. Die Einrichtung konnte den Ansatz sehr gut auf den christlichen Glauben übertragen und somit als einen Grundgedanken weitertragen. Auch nach diesem Projekt fanden regelmäßig Fort- und Weiterbildungen für alle Mitarbeitenden statt. Auch Videodokumentationen und sämtliche Unterlagen werden dem Personal bereitgestellt. Dieses Projekt aus den Jahren 1998 bis 2000 ist ein positives Beispiel für die Eingliederung des Community Care Ansatzes in eine Einrichtung, die eine riesige Anzahl an Klienten aufnahm. Durch Dezentralisierungsansätze wird die Umwandlung weiterhin verfolgt (vgl. Schablon, 2010 S. 50f.). Dieses Projekt verdeutlicht den Anfang der Umsetzung in Deutschland. Durch die Weiterentwicklung der Hilfen und rechtlichen Grundlagen, sind die Träger im Zwang ständig Neuerungen und Verbesserungen der hauseigenen Konzeptionen zu entwerfen.

## 2.2.2 Partizipation

In den Politik-, Sozial- und Erziehungswissenschaften wird seit 1970 viel auf dem Gebiet der Partizipation geforscht (vgl. Nieß 2016, S. 67). Das Wort Partizipation kann allgemein im Sinne von Mitbestimmung, Beteiligung oder Teilnahme verstanden werden (vgl. Theunissen 2013, S. 262).

Besonders in politischen oder gesellschaftlichen, beziehungsweise sozialwissenschaftlichen Prozessen, kommt es zur Anwendung. In Bezug auf Menschen mit geistiger Behinderung wird der gesellschaftliche Prozess angesprochen. In partizipativen Prozessen der Behindertenhilfe, können Alltagssituationen und Beteiligungsprozesse hinsichtlich der Selbstbestimmung unter Berücksichtigung von den Betroffenen besprochen und bearbeitet werden. Somit ist gewährleistet, dass besonders Menschen mit geistiger Behinderung Einfluss auf ihre eigenen Lebensumstände nehmen können, was nicht immer zur Selbstverständlichkeit der letzten Jahre gehörte (vgl. Theunissen 2013, S. 263).

Um den Prozess der Partizipation in Deutschland zu unterstützen, haben sich die rechtlichen Grundlagen in den letzten Jahrzehnten deutlich verändert. Ein ausschlaggebender Eckpfeiler in der Entwicklung liegt im Jahr 1975, mit der Aufnahme der Eingliederung von Menschen mit Behinderungen im allgemeinen Teil des Sozialgesetzbuchs (vgl. Bundesministerium für Arbeit und Soziales 2016, S. 172f.). 1994 wurde der Art. 3 Abs. 3 Satz 2 GG, mit dem Satz: „Niemand darf wegen seiner Behinderung benachteiligt werden." ergänzt. Daraufhin entstand eine besondere Verpflichtung, nicht nur für die Politik, sondern auch die Gesellschaft, in den Bereichen der Integration und Teilhabe / Partizipation (vgl. Bundesministerium für Arbeit und Soziales 2016, S. 174). Das SGB IX trat am 1. Juli 2001 in Kraft und gab den bisher weit verstreuten Gesetzmäßigkeiten für Menschen mit Behinderungen eine Übersicht und stärkte zudem die Gedanken der Rehabilitation und Teilhabe. Der aktuellste Meilenstein in der Entwicklung der Leistung zur Teilhabe am Leben in der Gemeinschaft, bieten die Bestimmungen, der im Jahr 2006 verabschiedeten UN – Behindertenrechtskonvention. In Deutschland trat diese am 26. März 2009 in Kraft (vgl. Bundesministerium für Arbeit und Soziales 2016, S. 178). Das Hauptziel liegt darin, Menschen mit Behinderungen ein selbstbestimmtes Leben in allen Lebensbereichen bieten zu können. Durch den Nationalen Aktionsplan der Bundesregierung von 2011 wurde die Umsetzung der Behindertenrechtkonvention mit über 200 Maßnahmen veröffentlicht.

Im Verlauf dieses Abschnittes wurde deutlich, dass der Begriff der Partizipation häufig als Synonym für den der Teilhabe verwendet werden kann und wird.

### 2.2.3 Empowerment

Die Soziale Arbeit gewann in den letzten Jahrzehnten an Professionalität aufgrund des Empowerment – Ansatzes aus der psychosozialen Arbeit. Die Idee stammt aus dem anglo-amerikanischen Sprachraum und wurde durch die historischen Umstände wie der US-amerikanischen Bürgerrechtsbewegung in den 1950er Jahren, dem Feminismus der neueren Frauenbewegung in den 1960er Jahren und der Selbsthilfebewegung geprägt (vgl. Seckinger 2015, S. 358).

Übersetzt bedeutet Empowerment Selbstbemächtigung, Selbstbefähigung oder Eigenmacht. Anhand dessen wird das Hauptziel erkennbar und deutlich. Der Ansatz dient dazu, dem Menschen die Möglichkeit zu geben, die eigenen Stärken zu finden und ihn in seinen Handlungsweisen zu ermutigen. Mit der Erlangung beziehungsweise der Bewusstmachung dieser Eigenschaften wird ihm zugelassen, selbstständig ein Leben zu führen, in dem er eine Lebensautonomie aufbauen kann und weniger Fremdbestimmung ausgesetzt ist. Durch die Freisetzung der oft verborgenen Ressourcen wird es für die Soziale Arbeit erreichbar, eine Hilfe zur Selbsthilfe zu ermöglichen (vgl. Herringer 2011, S. 233). Zudem muss eine Neuausrichtung zwischen dem Verhältnis der Fachkraft und des Adressaten stattfinden. Die Autorität der Fachkraft darf in der Zusammenarbeit nicht zu einem Hierarchieverhältnis zwischen beiden Parteien führen (vgl. Seckinger 2015, S. 360).

## 2.3 Selbstbestimmung und selbstbestimmtes Leben

Fern von jeder Fremdbestimmung leben können, frei sein in den Entscheidungen, die man für sich selbst trifft. Die Selbstbestimmung ist für jeden Menschen von hoher Bedeutung. Aus diesem Grund strebt jeder Mensch nach einem selbstbestimmten Leben. Menschen mit Behinderungen hatten jahrelang um diesen Status zu kämpfen (vgl. Speck 2013, S. 323). Mit dem folgenden Teilabschnitt der Selbstbestimmung und dem selbstbestimmten Leben möchte ich einen kurzen Ausblick über die Entwicklung des Begriffs vermitteln. Zudem soll durch die hier geschilderte Vorstellung des Begriffs ein besseres Verständnis für die Arbeit gegeben werden, da die Selbstbestimmung, wie bereits an dem Titel zu bemerken ist, diese Bachelor Arbeit an vielen Punkten tangiert.

In den vorhergehenden Abschnitten meiner Arbeit wird deutlich, dass die Selbstbestimmung in der heutigen Zeit eine zunehmende Komponente der Heilpädagogik ist. Seit den 1980er Jahren wird verstärkt, in Bezug auf die Lebensgestaltung von Menschen mit Behinderungen, auf den Umgang und der Umsetzung dieser Thematik geachtet. Am Anfang der Entwicklungen und der Diskussionen wurden primär Menschen mit körperlichen Beeinträchtigungen berücksichtigt. Viele Leitideen und Prinzipien, die sich bereits herausentwickelt haben, können heute für die Menschen mit einer geistigen Behinderung angewendet werden (vgl. Wansing 2006, S. 135f.).

Sie galten lange Zeit in der Gesellschaft als krank und verwahrlost. Es wurde ihnen nicht ansatzweise ermöglicht ein selbstbestimmtes Leben aufzubauen. Die enorme Unselbstständigkeit, die das Bild von Menschen mit geistiger Behinderung mit sich bringt, machte es ihnen nicht unbedingt leichter sich sozial zu integrieren.

Doch die aufgeführte Unselbstständigkeit kann keineswegs in Verbindung mit der Selbstbestimmung oder einem selbstbestimmten Leben gebracht werden (vgl. Wansing, 2006 S. 136). Ein Mensch, egal ob mit körperlicher oder geistiger Beeinträchtigung, muss nicht zwingend in der Lage sein, den Alltag ohne Unterstützung, ob maschinell oder durch persönliche Assistenz, zu bewältigen. Ein Mensch mit geistiger Behinderung ist möglicherweise nicht in der Lage lesen zu können und benötig so beim Einkaufen Hilfe. Diese Hilfestellung beinhaltet jedoch keine Einschränkung der Selbstbestimmung oder dem selbstbestimmten Leben. Solange die Wahl und die Wünsche des Menschen berücksichtigt werden, ist es lediglich eine Art der Förderung der Selbstständigkeit.

Dieses Konzept der Selbstbestimmung ist jedoch eher auf die Eigeninitiative von Menschen mit Behinderungen zurückzuführen. Somit ist die amerikanische „Independent – Living – Bewegung" oder die aus Deutschland kommende „Selbstbestimmt – Leben – Bewegung" prägend (vgl. Wansing 2006, S. 137).

Aus diesen Bewegungen heraus entstehen auf internationaler Ebene sechs Grundsätze, die von der Interessenvertretung Selbstbestimmt Leben in Deutschland e.V. veröffentlicht wurden:

1. Anti – Diskriminierung und Gleichstellungsgesetze für behinderte Menschen

2. Entmedizinierung von Behinderung

3. Nicht – Aussonderung und größtmögliche Integration in das Leben der Gemeinde

4. Größtmögliche Kontrolle über die eigenen Organisationen

5. Größtmögliche Kontrolle über die Dienstleistungen für Behinderte

6. Peer Counseling und Peer Support als Schlüssel zur Ermächtigung Behinderter (ISL e.V.)

In Bezug auf die heutigen Wohnformen, die im Zuge der Deinstitutionalisierung entstanden, entwickeln sich immer mehr Möglichkeiten für Menschen mit Behinderung ein selbstbestimmtes Leben zu führen.

## 2.4 Deinstitutionalisierung und Enthospitalisierung

In der Behindertenhilfe bedeuten Deinstitutionalisierung und Enthospitalisierung gleichermaßen dem Betroffenen seine Selbstbestimmung und individuelle Lebensführung wiederzugeben. Das heißt, dass die Einrichtungen, die durch dieses Prinzip zum Umlenken gebracht werden sollen, die sozialen Hilfestellungen auf den Menschen abzustimmen haben und somit keine „Institutionsunterdrückung" existieren kann (vgl. Rudloff 2013, S. 109f.).

Außerhalb des Elternhauses hatten Menschen mit Behinderungen nach dem zweiten Weltkrieg nur eine Möglichkeit der Unterbringung. Diese war eine Anstalt für „Abnorme", „Schwachsinnige" oder „Krüppel". Zu finden waren diese in eher ländlichen und abgelegenen Gegenden. Es war ein rein stationäres Angebot der Behindertenhilfe und beherbergte durchschnittlich 1500 Bewohner. Sie schliefen in Massenschlafsälen und hatten dementsprechend keine Rückzugsmöglichkeit in der gesamten Einrichtung. Hinzu kamen die ärmliche Ausstattung und ein Mangel an Plätzen, die die Lebensumstände in keiner Weise verbesserten. Durch die wenigen Plätze wurden die Betroffenen auf Alten- und Pflegeheime, sowie psychiatrische Einrichtungen verteilt, die keineswegs den fachlichen Ansprüchen gerecht wurden (vgl. Rudloff 2013, S. 110f.). Diese Situation dauerte einen längeren Zeitraum an. So lebten auch 1973 noch 17.426 Menschen mit Behinderungen in Altenheimen. In den 1970er Jahren wurden die Wohnumstände des Öfteren in öffentlichen Diskussionen thematisiert. Aus diesem Grund beschlossen die Bundes – und Landesregierungen die Förderung behindertengerechter Wohnungen im Rahmen des sozialen Wohnungsbaus (vgl. Rudloff 2013, S. 117.). Im Zuge dessen machte sich in der Bevölkerung eine Gleichwertigkeit von Menschen mit Behinderungen breit. In den 1980er Jahren entstanden so genannte Krüppelgruppen. Der Name ging aus Protest gegen die damalige Lage hervor. Sie forderten die konsequente Schließung aller Heime. Der immer größer werdende Druck auf die Sozialpolitik veranlasste die

Schaffung neuer Heimkonzepte mit kleineren Gruppengrößen, die aus 25 – 60 Menschen bestanden. Zudem legte die Förderung Wert auf die Pflegefamilien und Wohngemeinschaften. Wohnkomplexe mussten Dezentralisierungskonzepte nachweisen, in denen die Auflösung der Heime mit mehr als 500 Menschen mit Behinderung niedergeschrieben wurden (vgl. Rudloff 2013, S. 119). Durch die Verbesserung der Qualität und der Heimstrukturen entstand nach dem Vorbild der amerikanischen „Independent – Living – Bewegung", das Leitbild des selbstbestimmten Lebens. Zusammenfassend kann man sagen, dass hinsichtlich der Modernisierungsschritte und der internationalen Vorreiterstaaten, dass sich vieles im Bereich des Wohnens für Menschen mit Behinderung in Verbindung mit dem Deinstitutionalisierungsgedanken bis zu den 1990er Jahren, getan hat (vgl. Rudloff 2013, S. 127-130).

Heute gibt es nur noch sehr wenige Einrichtungen, die eine Größe von 500 Plätzen bereithalten. Auch diese müssen regelmäßig durch die Länderspezifischen Wohn- und Teilhabegesetze Dezentralisierungs- und Regionalisierungskonzepte vorweisen. In den meisten Fällen schaffen die Institutionen diese Konzepte aus eigenem Antrieb. Bei denen dies nicht der Fall ist, werden die Träger der Sozialhilfe aktiv und stellen gegebenenfalls die Finanzierung ein. Amsink beschreibt vier Anforderungen an die Behindertenpädagogik, um die Deinstitutionalisierung flächendeckend umsetzen zu können (vgl. Amsink 2015, S. 34f.):

1. Analyse des Bedarfs / Abstimmung der Hilfeangebote in den jeweiligen Regionen

2. Erschaffung von Koordinationsstellen, die Einrichtungen unterstützen und beraten können

3. Beschreibung / Kontrolle von gut funktionierenden Projekten in z. B. Größe / Strukturierung, Finanzierung und Integration

4. Berücksichtigung der Gefühle, Gewohnheiten und Bedürfnissen von den Betroffenen.

Zudem müssen die Infrastrukturen geschaffen werden, die die Leitidee „ambulant vor stationär" ermöglichen. Auch Menschen mit schweren körperlichen oder geistigen Behinderungen müssen eine Perspektive bekommen, um eine Konzentration dieser in stationären Einrichtungen zu unterbinden. Zudem können familienunterstützende Dienste die Pflege- als auch Herkunftsfamilie entlasten und somit einer Herausnahme vorbeugen (vgl. Amsink 2015, S. 35.). In diesem Abschnitt ist die

Bundesinitiative Daheim statt Heim e.V. nennenswert. Sie fordern (vgl. Bundesinitiative):

- einen Baustopp für neue Heime und den Abbau bestehender Heimplätze,
- den flächendeckenden Ausbau ambulanter Dienstleistungen und Strukturen,
- die Verwirklichung des Grundsatzes „Daheim statt Heim" auf allen Ebenen der Gesetzgebung und Verwaltungspraxis,
- die Garantie, dass Betroffene ihr Wohnumfeld frei wählen können,
- das Recht, ein „Persönliches Budget" zu erhalten und über die Verwendung von Leistungen frei entscheiden zu können,
- die Beteiligung der Betroffenen am Reformprozess nach der Devise „Nichts über uns ohne uns".

Somit bildet die Initiative ein Vorbild für sonstige Träger der Behindertenhilfe.

## 2.5 Der Weg zur Inklusion

Im folgenden Abschnitt dieser Arbeit werde ich auf die bis heute unterschiedlichen Eingliederungsgedanken eingehen, die das Leben von Menschen mit Behinderungen in Deutschland weitestgehend zum Positiven verändert haben. Dazu gehören das Normalisierungsprinzip, die Integration und der heutige Inklusionsgedanke.

### 2.5.1 Normalisierungsprinzip

Ein normales Leben leben können. Dieser Satz beinhaltet die Grundzüge des Normalisierungsprinzips. Im Grunde genommen sagt es aus, dass in der Gesellschaft Rahmenbedingungen und Lebensmuster entwickelt werden sollen, die dem Menschen mit einer körperlichen oder geistigen Behinderung ermöglichen, unter den für die Gesellschaft gewohnten Umständen und vorherrschenden Verhältnissen ein Leben aufbauen zu können. Diese werden an die unterschiedlichen Kulturen eines Landes angepasst und abgestimmt (vgl. Steinger 2013, S.19).

Im Jahr 1959 wurde das Normalisierungsprinzip von Bank – Mikkelsen erstmals im skandinavischen Raum niedergeschrieben und veröffentlicht. Es zielte besonders auf die unzumutbaren Lebensumstände für Menschen mit Behinderungen in den damaligen stationären Einrichtungen ab, woraus das dänische „Gesetz über die Fürsorge für geistig Behinderte und andere besonders Schwachbegabte" entstand (vgl. Krenz et. al. 2013, S. 53f.).

Der Schwede Bengt Nirje entwickelte das Prinzip im Jahr 1969 weiter und verbreitete es vor allem im amerikanischen Raum als eine Art Menschenrecht. Er stellte dabei auf acht Elemente ab, um einen normalen Lebensraum für die Betroffenen zu ermöglichen (vgl. Haveman et. al. 2010, S.24).

1. Der normale Tagesrythmus

   Schlafen, Aufstehen, Arbeiten, Mahlzeiten und Freizeit sind Bedürfnisse, die auf den Menschen individuell angepasst werden müssen. Ein geregelter Tagesrythmus soll ermöglicht werden.

2. Der normale Wochenrythmus

   Die Arbeit, Freizeit und das Wohnen sind Lebensbereiche, die klar voneinander getrennt werden. Es bedeutet, dass die Woche verschiedene Phasen beinhaltet, die durch unterschiedliche Beschäftigungen geprägt sind. Eine Förderung der sozialen Kompetenz und einer Alltagsstruktur wird durch diesen Bereich gegeben.

3. Der normale Jahresrythmus

   Es muss den Menschen ermöglicht werden, an Urlauben, Ferien, Besuchen oder Festen, teilzunehmen.

4. Die normalen Erfahrungen im Ablauf des Lebenszyklus

   Die Angebote zum Beispiel im Bereich der Freizeitgestaltung müssen individuell auf das Alter der Menschen angepasst werden. Denn auch ein Kind mit geistiger Behinderung ist ein Kind.

5. Der normale Respekt vor dem Individuum und dessen Recht auf Selbstbestimmung

   Wünsche, Entscheidungen oder Meinungen müssen in jeder Sicht gehört, respektiert und berücksichtigt werden.

6. Das normale sexuelle Lebensmuster der eigenen Kultur

   Auch Menschen mit Behinderungen sind Frauen und Männer mit sexuellen Bedürfnissen. Diese gilt es in diesem Kontext zu ermöglichen.

7. Das normale ökonomische Lebensmuster und Rechte im Rahmen gesellschaftlicher Gegebenheiten

   Die Strukturen und Honorierungen in den Werkstätten und innerhalb der Einrichtungen müssen dem Lebensstandard entsprechend sein. Unabhängig davon, welcher Grad einer Behinderung vorliegt.

8. Die normalen Umweltmuster und -standards innerhalb der Gemeinschaft

   Die Lage und Gegebenheiten dürfen die Menschen in ihrem Handeln nicht einschränken.

   (vgl. AWO - Kiel)

1972 entwickelte Wolfensberger das Normalisierungsprinzip in den USA weiter und modifizierte es mit der „Valorization Theory". Kurz beschrieben behielt er den Grundgedanken des Prinzips bei und fügte die Umkehrung von negativen Rollenerwartungen an Menschen mit Behinderungen hinzu, um eine höhere Akzeptanz gegenüber dieser Menschengruppe zu verlassen (vgl. Haveman et. al. 2010, S. 25).

Übertragen auf unser heutiges System ist das Normalisierungsprinzip ein sehr wichtiger Baustein in der Entwicklung der Behindertenhilfe gewesen und in vielen Bereichen heutzutage überholt. Trotz dessen haben Menschen mit Behinderungen Zugang zur Gesellschaft und Institutionen bekommen können und unter anderem auch den Zuspruch von Bürgerrechten erfahren dürfen. Durch dieses Prinzip konnte die Teilhabe und Partizipation in der Behindertenpädagogik integriert werden.

### 2.5.2 Integration

Das Wort Integration kommt ursprünglich aus dem lateinischen (integratio) und bedeutet übersetzt die Wiederherstellung eines Ganzen. Nach dem Duden ist die Integration bildungssprachlich gesehen die Wiederherstellung einer Einheit, die Vervollständigung oder eine Eingliederung in ein größeres Ganzes. Soziologisch betrachtet ist Integration die Verbindung einer Vielheit von einzelnen Personen oder Gruppen zu einer gesellschaftlichen und kulturellen Einheit (vgl. Duden).

In den 70er Jahren entstand eine Integrationsbewegung durch Elterninitiativen. Deren Ziel war es, eine gemeinsame Beschulung von Menschen mit und ohne Behinderungen entstehen zu lassen. Somit sollte es integrative Einrichtungen geben, um den Besuch in separierten Sondereinrichtungen zu umgehen. Der Begriff Separation ist das gegensätzliche Wort zur Integration und bedeutet so viel wie „Aussonderung". Damit ist der Ausschluss einer bestimmten Personengruppe oder von Einzelnen aus unterschiedlichen Aktivitäten oder Einrichtungen in der Gesellschaft gemeint (vgl. Friedmann 2015, S. 6).

Nach Haveman et. al. existieren drei Kategorien der Integration:

1. physische Integration: beschreibt demnach die gleichberechtigte Teilhabe von Menschen mit Behinderungen hinsichtlich des gemeindeintegrierten Wohnens und Arbeitens

2. funktionale Integration: gleichberechtigte Teilhabe an öffentlichen Einrichtungen

3. soziale Integration: den Menschen mit Behinderung als vollwertiges Mitglied der Gesellschaft anzusehen

Ein herausstechendes Merkmal der Integration ist es, dass nebeneinander zwei Gruppen entstehen. Zum einen die normalen „nichtbehinderten" Menschen, zum anderen die „behinderten" Menschen. In dem Konzept wird deutlich, dass die erste Gruppe aufgrund ihres dominierenden Verhaltens den Alltag bestimmt, wobei die zweite Gruppe als eine Art Randgruppe akzeptiert, jedoch nicht vollständig in die Gesellschaft aufgenommen wird, was bedeutet, dass Menschen mit Behinderungen keine vollständige Selbstbestimmung im Konzept der Integration erfahren können (vgl. Friedmann 2015, S. 7). Durch die Gedanken der Bestimmung der dominierenden Gruppe und der Gliederung der Bevölkerung in zwei, entstehen große Kritikpunkte an dem Konzept der Integration. Zudem kommt eine Art Abstufungsgedanke auf. Je schwerer die Menschen in ihrem Handlungsbereich eingeschränkt sind, desto seltener kommt es zu einer Integration. Je weniger Unterstützung benötigt wird, desto leichter können die Menschen integriert werden. Diese Kritikpunkte führten unter anderem zu dem Konzept der Inklusion (vgl. Wunder 2010, S. 24f.).

### 2.5.3 Inklusion

„Inklusion löst die Integration nicht ab, sondern baut auf ihr auf." (Theunissen)

Um im folgenden Abschnitt dieses Kapitels einen Vergleich über die Konzepte der Integration und Inklusion durchführen zu können, werde ich hier den Begriff Inklusion näher erläutern.

Das Wort Inklusion kommt von dem lateinischen „inclusio" und bedeutet für die Soziologie übersetzt das Miteinbezogensein, die gleichberechtigte Teilhabe an etwas und dem Gegensatz zur Exklusion. Für die pädagogische Ebene ist es die gemeinsame Erziehung von Kindern mit und ohne Behinderung in Kindergärten und Regel(Schulen) (vgl. Duden).

Wie im oben erwähnten Zitat von Theunissen wird noch heute in Fachkreisen darüber diskutiert, ob der Inklusionsgedanke ein neues Konzept oder eher eine Erweiterung des Integrationsgedankens darstellt. Es geht von einem vorurteilsfreien Umgang aller in der Gesellschaft lebenden Menschen aus. Die Teilhabe soll von Anfang an allen, egal welcher ethnischen Herkunft, Hautfarbe, Leistung oder Geschlechts, gerecht werden. Somit sind alle Menschen gleichgestellt und können die gleichen Chancen und Leistungen erfahren (vgl. Wunder 2010, S. 25).

In den 1980er Jahren tauchte das Konzept der Inklusion bereits in den USA, Kanada und Großbritannien auf. In Deutschland sprach man erst in den 2000er Jahren von einer inklusiven Pädagogik. Sie richtet sich besonders an die vorher beschriebenen Randgruppen, die durch den Ausschluss aus der Gesellschaft meistens in sonderpädagogische Einrichtungen verwiesen wurden (vgl. Boban et. al. 2013, S. 182).

Steinhart kritisiert die heutigen noch vorherrschenden Strukturen hinsichtlich der Inklusion, da immer noch eine zu große Anzahl an spezialisierten Bildungs-, Beschäftigungs- und Freizeitangeboten vorherrschen. Diese Sondereinrichtungen begünstigen eine Exklusion (Ausschlussgedanke) bestimmter Gruppen dadurch, dass sie wieder entfernt von Angeboten stattfinden, die auch Menschen ohne Einschränkungen nutzen. Er stellt bezüglich dieser Kritik neun Bereiche auf, die dazu beitragen können, eine inklusive Welt schaffen zu können (vgl. Steinhart 2010, S. 67-69.).

1. Barrierefreiheit: Zugänglichkeit, Erreichbarkeit und Nutzbarkeit von öffentlichen Einrichtungen

2. Das Gemeinwesen befähigen: Annahme und Aufnahme von Menschen mit Behinderungen in das Gemeinwesen (Beendigung von Exklusion)

3. Netzwerke: Unterstützung von Teilhabe durch nicht – professionelle, semi – professionelle und professionelle Netzwerke

4. Teilhabe: Menschen mit Behinderungen als Leistungsgeber und nicht nur Empfänger

5. Profis werden inklusions – fit: Neuorientierung von Anbietern, Leistungsträgern und Kommunalverwaltung

6. Basis – Mitarbeitende: Werte vermitteln und auf Augenhöhe arbeiten, Beseitigung von Fremdbestimmung

7. Verwaltung, Geschäftsführung und Vorstand: Schulungen von Mitarbeitern, Unterstützung im Bereich Immobilien, Logistik und IT

8. Leistungsträger – Ressourceneinsatz neu überdenken: Ressourcen an richtiger Stelle einsetzen

9. Kommunale Konversionsstrukturen aufbauen: Inklusive Finanzierungssystematik und regionale Teilhabeverwirklichungskonferenzen schaffen; Weiterentwicklung bestehender Steuerungsansätze

Durch die am 26. März in Kraft getretene UN – Behindertenrechtskonvention bekam der Stellenwert der Inklusion einen deutlichen Aufschwung. Die Teilhabechancen und Zugehörigkeit für Menschen mit Behinderungen wurden darin niedergeschrieben. Durch den Nationalen Aktionsplan der Bundesregierung konnten die Forderungen dann in die Praxis umgesetzt werden (vgl. Friedmann 2015, S. 13).

Um die Unterschiede beider Paradigmen deutlich darstellen zu können, zeige ich im folgenden Abschnitt ein Vergleich auf, welcher von Hinz entworfen wurde. Diese Gegenüberstellung beider Konzepte zielt auf die Schule ab, kann jedoch auf die anderen Bereiche der Sonderpädagogik übertragen werden.

| Praxis der Integration | Praxis der Inklusion |
| --- | --- |
| Eingliederung in die allgemeine Schule | Leben und Lernen in der allgemeinen Schule |
| Differenziertes System je nach Schädigung | Umfassendes System für alle |
| Zwei Gruppen Theorie (behindert / nicht-behindert) | Theorie einer heterogenen Gruppe (viele Minderheiten und Mehrheiten) |
| Aufnahme von behinderten Kindern | Veränderung des Selbstverständnisses der Schule |
| individuumszentrierter Ansatz | systemischer Ansatz |
| Fixierung auf die institutionelle Ebene | Beachtung der emotionalen, sozialen und unterrichtlichen Ebenen |
| Ressourcen für Kinder mit Etikettierung | Ressourcen für Systeme (Schule) |
| Spezielle Förderung für behinderte Kinder | Gemeinsames und individuelles Lernen für alle |
| Individuelle Curricula für einzelne | Individualisiertes Curriculum für alle |
| Förderpläne für behinderte Kinder | Gemeinsame Reflexion und Planung aller Beteiligter |
| Anliegen und Auftrag der Sonderpädagogik und SonderpädagogInnen | Anliegen und Auftrag der Schulpädagogik und SchulpädagogInnen |
| Sonderpädagogen als Unterstützung für behinderte Kinder | Sonderpädagogen als Unterstützung für Klassen und Klassenlehrer |
| Ausweitung von Sonderpädagogik in die Schulpädagogik hinein | Veränderung von Sonderpädagogik und Schulpädagogik |
| Kombination von Schul- und Sonderpädagogik | Synthese von Schul- und Sonderpädagogik |
| Kontrolle durch ExpertInnen | Kollegiales Problemlösen im Team |

Tab. 2: Integration versus Inklusion
(Hinz 2000, S. 235)

# 3 Wohnformen für Menschen mit besonderem Unterstützungsbedarf

In diesem Kapitel möchte ich einen Überblick über die Wohnformen der Länder USA, Großbritannien, Schweden, Norwegen und Deutschland geben. Dabei werde ich auf den sozialpolitischen Rahmen und die länderspezifischen Gesetze eingehen und somit Wohnmöglichkeiten aufzeigen, die ein inklusives Wohnen für Menschen mit Behinderungen ermöglichen. Die vorangegangenen Erläuterungen finden hier Anwendung.

Franz Fink hat vier Säulen für das behindertengerechte Wohnen entwickelt, die länderunabhängig geltend gemacht werden können. Dementsprechend werde ich hier die Säulen benennen, um einen kurzen Überblick zu vermitteln, was das Wohnen für den Menschen mit Behinderung, den Staat und die Gesellschaft bedeutet (Fink 1996, S. 253).

1. Die freie Wahl des Wohnortes ist verbrieftes Grundrecht. Diese Wahlfreiheit ist ein wesentlicher Ausdruck der Selbstbestimmung eines Menschen.

2. Behinderte Menschen wollen, wie alle anderen, wohnen wie gewohnt.

3. Solidarität und Leben in Gemeinschaft wird in unserer Gesellschaft (noch) von allen Bürgern erwartet, aber das Grundrecht auf Selbstbestimmung kann nicht dauerhaft von der erzwungenen Solidarität eingeschränkt werden.

4. Auch beim Wohnen muss das Maß der Betreuung, Begleitung, Förderung, Assistenz entsprechen, allgemein: das Maß und die Art der Hilfe muss dem individuellen Hilfebedarf gerecht werden.

Diese vier Ziele zu erreichen ist an und für sich nicht schwer zu bewältigen, doch dem wirkt auch heute noch die voranschreitende Ökonomisierung der Sozialen Arbeit entgegen. Die Kluft zwischen Arm und Reich wird mit der Zeit, aufgrund der Globalisierung, immer größer. Auch im sozialen Sektor wird immer mehr nach einem Preis – Leistungsverhältnis gefragt, nachdem sich dementsprechend die Qualität der Leistungen richtet (vgl. Gerspach 2004, S. 88f.). Aus betriebswirtschaftlicher Sichtweise wird davon ausgegangen, dass ein Zusammenhang zwischen einer Behinderung und dem Armutsrisiko liegt, da durch den freien Wettbewerb keine Integration gewährlistet werden kann und Menschen mit Behinderungen, aufgrund einer reduzierten Einsatzfähigkeit, meistens keine Arbeitsstätte auf dem ersten Arbeitsmarkt finden. Zudem sind die meisten Einrichtungen immer noch vorwiegend Anbieter und nicht Adressatenorientiert (vgl. Gerspach 2004, S. 101f.).

Menschen mit Behinderungen gelten als eine Risikogruppe für bestimmte Problemlagen und erfahren oft aus diesem Grund eine Exklusion. Hinzu kommt der immer größer werdende Druck der Sozialpolitik. Sie wollen die Kosten der Sozialausgaben senken, erwarten von den Trägern der Behindertenhilfe jedoch eine Effizienzsteigerung hinsichtlich der Qualität sowie der Quantität. Diese Problemlagen sind hinderlich für die positive Entwicklung von Hilfeleistungen bezüglich der Aspekte Inklusion und Selbstbestimmung (vgl. Gerspach 2004, S. 109f.).

Generell hat sich der Gedanke in der Gesellschaft verfestigt, dass besonders Menschen mit geistiger Behinderung sich nicht selbst versorgen können und dementsprechend oftmals aus dem Raster des ambulanten Wohnangebots fallen. Dieses Vorurteil gilt es zu beseitigen, um allen Menschen ein gerechtes Wohnangebot bereitzustellen und somit die Freiheit in Bezug auf die Meinungs- und Wahlbeteiligung zu gewährleisten. Wie die einzelnen Länder mit dieser Thematik umgehen und welche Lösungsansätze existieren zeigen die folgenden Abschnitte.

## 3.1 Deutschland

Die Bundesrepublik Deutschland erstreckt sich über eine Landesfläche von 357.050 km² und hat insgesamt 82,2 Millionen Einwohner. Die Staats- beziehungsweise Regierungsform ist die des demokratischen parlamentarischen Bundesstaats. Deutschland ist in 16 Bundesländer aufgeteilt. Das Pro – Kopf Bruttoinlandsprodukt beträgt 37.866 €. Alle Angaben entsprechen dem Stand des April 2017 (vgl. Auswärtiges Amt 2017).

Laut einer Pressemitteilung des Statistischen Bundesamtes lebten in Deutschland gegen Ende 2015 7,6 Millionen schwerbehinderte Menschen. Durch diesen hohen Anteil von betroffenen Menschen ist die ständige Weiterentwicklung der rechtlichen und politischen Lage in Deutschland nötig (vgl. Statistisches Bundesamt 2016, S. 1).

### 3.1.1 Entwicklung der deutschen Behindertenpolitik und Gesetze

Da ich im Vorfeld dieser Arbeit bereits die prägendsten Eckpfeiler, das Normalisierungsprinzip, die Integration und die Inklusion ausführlich behandelt und mich auf die Entwicklung in Deutschland bezogen habe, gehe ich in diesem Abschnitt weniger auf die politischen Entwicklungen ein. Primär wende ich mich dem heutigen vorherrschenden politischen Gedanken „ambulant vor stationär" zu.

Der Beginn dieser Norm lag in der Aufnahme des Bundessozialhilfegesetzes im Jahr 1984. Fortschreitend verankerte das SGB XII, welches das Bundessozialhilfegesetz ablöste den Gedanken im §13 Abs. 1 SGB XII mit dem Wortlaut:

„Die Leistungen können entsprechend den Erfordernissen des Einzelfalles für die Deckung des Bedarfs außerhalb von Einrichtungen (ambulante Leistungen), für teilstationäre oder stationäre Einrichtungen (teilstationäre oder stationäre Leistungen) erbracht werden. Vorrang haben ambulante Leistungen vor teilstationären und stationären Leistungen sowie teilstationäre vor stationären Leistungen. Der Vorrang der ambulanten Leistung gilt nicht, wenn eine Leistung für eine geeignete stationäre Einrichtung zumutbar und eine ambulante Leistung mit unverhältnismäßigen Mehrkosten verbunden ist. Bei der Entscheidung ist zunächst die Zumutbarkeit zu prüfen. Dabei sind die persönlichen, familiären und örtlichen Umstände angemessen zu berücksichtigen. Bei Unzumutbarkeit ist ein Kostenvergleich nicht vorzunehmen." (§ 13 Abs. 1 SGB XII)

Dazu hat die Bundesarbeitsgemeinschaft der überörtlichen Träger der Sozialhilfe einen Kennzahlenvergleich veröffentlicht, der sich auf die Auswertung von Daten der Eingliederungshilfe für Menschen mit Behinderungen bezieht. Ein großer Themenbereich ist unter anderem das Wohnen. Demnach erhielten insgesamt im Jahr 2015 395.393 Menschen mit Behinderung eine Eingliederungsleistung für den Wohnbereich. Davon sind noch immer 211.963 in einer stationären Unterbringung, 180.097 in einer ambulanten Unterbringung und 3.333 in einer Gastfamilie. Im Vergleich zu dem Vorjahr 2014 nimmt jedoch das stationäre Wohnangebot lediglich mit 0,4%, das ambulante Wohnangebot mit 5,3% und die Gastfamilien mit 7,1% zu. Zusammenfassend bedeuten diese Zahlen, dass das stationäre Wohnen durch die immer weiter fortschreitende Ambulantisierung der Behindertenhilfe stark verlangsamt wurde (vgl. BAgüS 2017, S. 11). Diese Umwandlung wird in Deutschland jedoch nicht von allen Bundesländern mit gleichen Ausmaßen durchgeführt. Somit wird in einer weiteren Darstellung deutlich, dass insbesondere die westlichen und nördlichen Bundesgebiete eine unverkennbar höhere Ambulantisierung vollzogen haben, als die östlichen und südlichen Bundesländer. Dementsprechend haben Nordrhein – Westfalen und Hamburg eine Ambulantisierungsquote von über 60 %, Sachsen – Anhalt, Rheinland – Pfalz und bayrische Bezirke, wie Niederbayern und die Oberpfalz können im Vergleich dazu mit einer Quote von unter 30% nicht mithalten, können jedoch steigende Zahlen in den letzten Jahren vorweisen (vgl. BAgüS 2017, S. 17). Die UN – Behindertenrechtskonvention begleitet und unterstützt den Prozess, um die Ambulantisierung zu fördern. Sie wurde im

Jahr 2009 ratifiziert. Seitdem ist das Ministerium für Arbeit und Soziales in Verwaltungstätigkeiten zuständig. Das Monitoring übernimmt das deutsche Institut für Menschenrechte und der Beauftragte der Bundesregierung für die Belange behinderter Menschen trifft die Entscheidungen, zur Umsetzung der einzelnen Maßnahmen. Die erste Berichterstattung folgte im Jahr 2011, daraus entstand der Nationale Aktionsplan in dem die Maßnahmen zur praktischen Umsetzung der in der BRK festgelegten Artikel. 2016 folgte der Nationale Aktionsplan 2.0 (vgl. deutsches Institut für Menschenrechte 2017).

Das Prinzip der Umgestaltung von großen Einrichtungen in kleine gemeindeintegrierte Wohneinrichtungen, unter der Betrachtung des Aspekts ambulant vor stationär, wird im Bezug zu den folgenden Gesetzestexten und den entsprechenden Wohnformen deutlich.

Gesondert zu den vorherigen Erläuterungen hinsichtlich der politischen Situation in Deutschland, folgen nun die Gesetzmäßigkeiten, welche den Wohnformen einen rechtlichen Rahmen verschaffen.

Das SGB IX trat am 1. Juli 2001 in Kraft und gab den bisher weit verstreuten Gesetzmäßigkeiten für Menschen mit Behinderungen eine Übersicht und stärkte zudem die Gedanken der Rehabilitation und Teilhabe. Der aktuellste Meilenstein in der Entwicklung der Leistung zur Teilhabe am Leben in der Gemeinschaft bieten die Bestimmungen der im Jahr 2006 verabschiedeten UN – Behindertenrechtskonvention. In Deutschland trat diese am 26. März 2009 in Kraft (vgl. Bundesministerium für Arbeit und Soziales 2016, S. 178). Das Hauptziel liegt darin, Menschen mit Behinderungen ein selbstbestimmtes Leben in allen Lebensbereichen bieten zu können. Durch den Nationalen Aktionsplan der Bundesregierung von 2011 wurde die Umsetzung der Behindertenrechtkonvention, mit über 200 Maßnahmen in den Bereichen (Bundesministerium für Arbeit und Soziales 2016, S. 182):

- Assistenzbedarf

- Barrierefreiheit

- Gender Mainstreaming

- Gleichstellung

- Migration

- Selbstbestimmtes Leben und Vielfalt von Behinderung

veröffentlicht. Dieser ist jedoch kein festgesetzter Maßnahmenkatalog, der keiner weiteren Bearbeitung bedarf, sondern eher ein dynamischer Prozess, der von stetiger Weiterentwicklung lebt und profitiert. Somit kommt es in regelmäßigen Abständen zu neuen Auflagen des Nationalen Aktionsplans der Bundesregierung.

Die §§ 1,4 SGB IX und der § 10 SGB 1 beschreiben eine umfassende Teilhabe behinderter und von Behinderung bedrohter Menschen am Leben in der Gesellschaft. Zudem wird diese Leistung im § 55 SGB IX zur gesetzlichen Rahmenerfassung definiert. Die Sozialhilfe im Rahmen der Eingliederungshilfe für behinderte Menschen erfolgt nach den §§ 53 ff. SGB XII (vgl. Bundesministerium für Arbeit und Soziales 2016, S. 170).

Die zutreffenden Paragraphen für die jeweilige Wohnform, werde ich in den einzelnen Abschnitten beifügen.

### 3.1.2 Wohnformen

Die Wohnformen für Menschen mit Behinderungen können von unterschiedlichem Charakter geprägt sein. Es gibt drei Arten der Unterbringung. Dazu zählen die stationären Einrichtungen, die ambulanten Unterbringungsmöglichkeiten und die Herkunftsfamilie. Diese drei Felder werden im folgenden Abschnitt näher erläutert. Je nach Art der Behinderung wird deutlich, welche Form der Unterbringung für den jeweiligen Betroffenen in Anspruch genommen werden kann. Somit kann dem Kennzahlenbericht von der Bundesarbeitsgemeinschaft der überörtlichen Träger der Sozialhilfe entnommen werden, dass stationäre Wohnformen überwiegend mit einem Anteil von 63,9% von Menschen mit geistiger Behinderung genutzt werden, die ambulanten Wohnformen lediglich mit 25,4% (vgl. BAgüS 2017, S. 17).

**<u>Stationäre Wohnformen:</u>**

**Komplexeinrichtungen:**

Die größten Einrichtungen für Menschen mit Behinderung sind die Komplexeinrichtungen. Sie bieten für 100 – 1000 Menschen Platz zum Wohnen. Neben diesem Angebot sind auch die Lebensbereiche Arbeit und Freizeit abgedeckt (vgl. Schlebrowski 2009, S. 62). Sie zeigt sich in Form von hauseigenen Werkstätten für Menschen mit Behinderung, Tagesstrukturangeboten, medizinischen Dienstleistungen, Kirchen, Läden und Cafés (vgl. Seifert 2006, S. 379). Es ist eine der noch ältesten existierenden Formen der Behindertenhilfe und muss sich aus diesem Grund einem immer größer werdenden Druck in Bezug auf Inklusion und Selbstbestimmung aussetzen. Als Reaktion darauf haben die meisten großen Einrichtungen einen Umdenkprozess eingeleitet, der weg von der kühl wirkenden Klinikatmosphäre, hin zu einem angenehmen Wohn- und Lebenskonzept führen sollte. Dieser Wandel geschah vorwiegend auf dem vorher bereits bestehendem Areal, was wiederrum nicht den heutigen Ansprüchen der Inklusion und damit dem gemeindeintegrierten Wohnen gerecht wird (vgl. Schlebrowski 2009, S. 62f.). Zudem werden die Komplexeinrichtungen dazu angehalten, regelmäßig neue Dezentralisierungs- und Regionalisierungskonzepte aufzustellen. Das Optimum wäre eine Verteilung der Wohnplätze in die umliegenden Gemeinden zu schaffen und die dann noch leerstehenden Gebäudekomplexe in beispielsweise Büroräume umzuwandeln, um den heutigen Anforderungen der UN – Behindertenrechtskonvention und den länderspezifischen Wohn- und Teilhabegesetzen gerecht zu werden (vgl. Sozialausschuss 2013).

**Dorfgemeinschaften:**

Ein ähnliches Bild bieten Dorfgemeinschaften für Menschen mit Behinderungen. Sie befinden sich vorrangig im ländlichen Raum und stellen dementsprechend wieder ein abgegrenztes Areal zur Verfügung. Menschen mit und ohne Behinderung wohnen, arbeiten und leben in diesem Dorf meistens unter dem Hintergrund einer anthrosophischen oder christlichen Weltanschauung. Sie wohnen in so genannten Hausfamilien, das heißt, dass 4 – 6 Menschen mit Behinderung in einer Familie, einem „Elternpaar", aufgenommen werden und somit einen strukturierten Familienalltag erfahren dürfen. Das gesamte Leben spielt sich größtenteils auf dem Gelände ab. Die Arbeiten sind eher auf handwerklicher Basis zur Erhaltung des Dorfes. Dazu gehören die Bereiche Gärtnerei, Landwirtschaft, Bäckerei oder auch Tischlerei. Die religiöse Begleitung innerhalb der Freizeit spielt im Leben der Gemeinschaft eine wichtige Rolle (vgl. Buchka 2003, S. 37ff.).

Durch die eher autonome Lebensweise aller dort untergebrachten Menschen könnte vermutet werden, dass das Hauptziel nicht etwa in der Integration in die Gesellschaft liegt, sondern vielmehr in die Bildung einer Art „Sondergesellschaft" die innerhalb des Kreises auf die individuellen Bedürfnisse und Fähigkeiten der betroffenen Menschen eingeht. Durch die Strukturen und gemeindeinternen Regelungen der Dorfgemeinschaften ist das Paradigma der Selbstbestimmung für Menschen mit Behinderung stark eingeschränkt. Das Konzept der Inklusion kann möglicherweise für die Strukturen der Dorfgemeinschaft angewendet werden. Wird der Raum erweitert, auch auf die umliegenden Gemeinden und Städte, sind die Menschen, die in einer Dorfgemeinschaft durch die dortigen Strukturen exkludiert.

Zusammenfassend wird auch diese Form der stationären Unterbringung nicht den heutigen Ansprüchen der UN – Behindertenrechtskonvention gerecht (vgl. Schlebrowski 2009, S. 63).

**Wohnheime:**

Im Gegensatz zu den beiden vorhergehenden Wohneinrichtungen kann das Wohnheim den größten Anteil an Gemeindeintegration bieten. Hier finden die Lebensbereiche Wohnen und zum Teil Freizeit ihren Platz. Die Bewohner besuchen tagsüber eine Werkstatt für Menschen mit Behinderung oder gehen einer anderen Tagesbeschäftigung nach, die nicht an die Einrichtung gekoppelt ist. Die Kapazitäten der Wohnheime sind regional abhängig und bieten meisten maximal 50 Plätze an. Innerhalb der Einrichtungen gibt es spezielle Wohnheimstrukturen. Das bedeutet, dass die Bewohner in Gruppen eingeteilt werden. Dabei entstehen 3 – 6 Gruppen mit je 6 – 12 Bewohnern. Zum primären Aufgabenbereich der Betreuer zählen die bedürfnisorientierte Gestaltung des Wohnalltags, Förderung von Kompetenzen und Hilfestellung zur Bewältigung von Alltagsaufgaben (vgl. Schlebrowski 2009, S. 63-65.).

Die Selbstbestimmung nimmt eine wichtige Rolle in Bezug zum Leben im Wohnheim ein. Trotz dessen müssen einige Punkte berücksichtigt werden, die sie stark beeinflussen. Zum einen können die Bewohner nicht selbst entscheiden, welcher Gruppe sie angehören wollen, weshalb es passieren kann, dass sie mit Anderen, die sie nicht als sympathisch empfinden, zusammengelegt werden. Hinzu kommen die Gruppengrößen, welche durch die gesetzten Strukturen der Einrichtung vorgegeben sind und somit nicht beeinflusst werden können. Auch die entsprechenden Fachpersonen ordnen sich der Gruppe zu und nicht die Gruppe dem Personal. Besonders in Bezug auf die Privatsphäre hat dieser Kritikpunkt Einfluss. Durch die Vorgabe dieser Punkte wird von jedem Bewohner ein hohes Maß an Anpassungsfähigkeit gefordert. Auch die Möglichkeiten der Eigeninitiative werden durch den Rahmen stark eingegrenzt (vgl. Seifert 2006, S. 379f.).

**Pflegeheime und Kliniken:**

Auch aus eigener Erfahrung heraus kann ich sagen, dass Menschen mit Behinderungen aufgrund von vollen Wohnheimen oder sonstigen Gründen in Pflegeeinrichtungen oder Kliniken untergebracht werden. Aus pädagogischer Sicht ist diese Situation nicht annähernd zufriedenstellend. Obwohl es Ansätze gibt, die bedürfnisorientiert arbeiten und die Individualität des Menschen voraussetzen, wird diese Art der Unterbringung in Anspruch genommen. Aufgrund der unzureichenden Ausbildung des Personals bedarf es hier keiner Diskussion, dass diese Form keinesfalls den Anforderungen der Inklusion oder Selbstbestimmung gerecht werden kann (vgl. Seifert 2006, S. 382f.).

**Ambulante Wohnformen:**

**Ambulant betreutes Wohnen:**

Das ambulant betreute Wohnen bietet einen weitreichenden Raum an Inklusion und Selbstbestimmung. Es existieren hier zwei Möglichkeiten. Zum einen das Wohnen in Wohngemeinschaften mit anderen Menschen mit Behinderung oder in einer eigenen Wohnung. In diesen Wohnungen ist es möglich allein, als Paar oder mit eigenen Kindern zu leben. Durch ein stundenweises, ambulantes Versorgungssystem, wird den Menschen individuelle Hilfe und Förderung angeboten. Ziel ist es für das Fachpersonal, die Hilfe zur Selbsthilfe zu aktivieren. Das Besondere in diesem Fall ist es, dass die Menschen mit Behinderung die Wohnung selber anmieten. Nur so kann gewährleistet werden, dass auch nach Beendigung der Hilfe, das Leben im gewohnten Umfeld fortgesetzt werden kann. Würde die Wohnung über den Träger laufen, der die Hilfeleistung anbietet, müsste der Betroffene nach der Beendigung ausziehen und von Anfang an ein neues Netzwerk aufbauen. So können in Zusammenarbeit mit dem Fachpersonal alle umliegenden Ressourcen aktiviert und durch einen vorab festgelegten Hilfeplan die zu erreichenden Ziele festgelegt werden (vgl. Seifert 2006, S. 380f.).

**Gastfamilie:**

Als eine Alternative zum ambulant betreuten Wohnen können Gastfamilien einen Menschen mit Behinderung aufnehmen. Die Vorteile sind in diesem Modell, dass der Aufgenommene ein familiäres Umfeld erfahren kann, welches förderlich für die Entwicklung ist. Es ist ein eigenständiges Angebot im Rahmen der Eingliederungshilfe für Menschen mit Behinderung. Es kann als weiterführende Maßnahme, nach einer stationären oder ambulanten Unterbringung oder vor einer stationären Aufnahme, benutzt werden. Die Familie kann individuelle Hilfeleistungen bieten, die vorab in einem Hilfeplan aufgestellt worden sind. Zusätzlich ist eine fachliche Begleitung anwesend, an die sich die Familie und der Mensch mit Behinderung jederzeit wenden kann. Die zusätzlichen Kosten, die durch eine solche Aufnahme entstehen können, werden in einer Höhe von 450 € der Gastfamilie gutgeschrieben (vgl. Bezirk Oberfranken 2017, S. 3-5).

**Persönliches Budget:**

In Deutschland haben Menschen mit Behinderungen nach dem §17 SGB IX ein Recht auf das persönliche Budget. Dies gilt seit dem 01.01.2008. Das Budget ist eine Wandlung des gesamten Unterstützungssystems. Der Mensch mit Behinderung ist unter diesem Konzept nicht mehr der Empfänger von Sachleistungen, sondern erhält eine im Vorfeld individuell abgestimmte Geldleistung als persönliches Budget. Mit dieser Leistung hat der Empfänger die Möglichkeit als eine Art Arbeitgeber zu handeln. Er kann, um die im Hilfeplan entsprechend vereinbarten Ziele zu erreichen, professionelles Fachpersonal einstellen und einarbeiten (vgl. Schmidt 2014, S. 21).

Durch diese individuelle Leistung hat der Betroffene einen deutlichen Zuwachs von Selbstbestimmung, vor allem in seinem Meinungs- und Wahlrecht. Die höhere Zufriedenheit an der eigenen Lebenssituation, implementiert einen Zuwachs an Lebensqualität. Zudem wird das Konzept der Inklusion vollständig berücksichtigt und der Mensch als ein gleichwertiges Mitglied der Gesellschaft angesehen (vgl. Prochnow 2009, S. 55).

Aus der Statistik der Sozialhilfe kann entnommen werden, dass im Jahr 2012 in Gesamtdeutschland 8403 Personen und 2013 8516 Menschen mit Behinderung das persönliche Budget in Anspruch genommen haben. Dies bedeutet einen Anstieg von 1,3%. An den Zahlen ist zu vermuten, dass die Option des Budgets noch nicht so bekannt ist. Trotz dessen ist ein leichter Anstieg bemerkbar und nicht zu verkennen (vgl. DESTATIS, 2015, S. 11).

**Herkunftsfamilie:**

Ein Großteil der Menschen mit Behinderung leben bis ins hohe Lebensalter in der Herkunftsfamilie. Durch die über Jahre hinweg gewachsene Bindung zu den Eltern verschiebt sich der Auszug aus dem Elternhaus besonders für Menschen mit geistiger Behinderung ungemein. Oft scheitert die weitere Versorgung durch die Eltern dann durch unvorhersehbare Lebensereignisse, wie Krankheit, Scheidung oder sogar Tod. Eine generell geltende Aussage gegenüber der Selbstbestimmung und Inklusion kann bei dieser Wohnform nicht gemacht werden. Oftmals wird in der Fachliteratur deutlich Kritik gegenüber dieser Art der Unterbringung ausgeübt (vgl. Seifert 2006, S. 378). So spricht Klauß Probleme an, die einerseits das Kind, andererseits die Eltern belasten. Zum Beispiel bleibt das Kind mit Behinderung auch im späteren Erwachsenenalter in einer Kinderrolle. Zudem behauptet er, dass diese Kinder sozial isoliert leben und keine Bekannten außerhalb der Arbeitsstätte haben. Durch eine Überbehütung, die aus einer Überforderung der Eltern kommt, wird die Selbstbestimmung oft unterbunden und nur danach gehandelt, was die Eltern als richtig für das Kind halten (vgl. Klauß 1993, S. 57-60). Doch diese Aussagen können nicht auf alle Familien mit Kindern mit Behinderung angewandt werden. Besonders Eltern, die sich in Elternvereinigungen hinsichtlich der Selbstständigkeit und Inklusion engagieren, wenden diese Methoden auch im häuslichen Umfeld an. Das Problem hierbei kann sein, dass die Eltern dann wiederrum den Menschen mit Behinderung zu viel in die eigene Verantwortlichkeit geben und somit eine Überforderung des Menschen einhergeht. Hinsichtlich der Stärkung der Selbstständigkeit und der Förderung von Kompetenzen sind beide beschriebenen Formen nicht die pädagogisch wertvollsten. Trotz dessen darf in diesem Zusammenhang nicht der Bezug zur Familie als wichtiger und positiver Lebensfaktor vernachlässigt werden (vgl. Seifert 2006, S. 378).

Um Eltern entlasten zu können und dem Kind mit Behinderung ein selbstbestimmtes und inklusives Leben bieten zu können, gibt es familienunterstützende Dienste. Sie bieten eine stunden- oder tagesunterstützende Hilfe an. Zum Aufgabenbereich gehören Freizeitplanung, Training der Selbstständigkeit, Fahr- und Betreuungsdienste sowie Urlaub- und Verhinderungspflege. Die Mitarbeitenden haben entsprechende Qualifikationen und können demensprechend professionelle Hilfestellungen geben. Die Krankenkassen und Sozialhilfeträger können die vollständigen Kosten übernehmen, oftmals muss die Familie einen Kostenanteil mitfinanzieren, weshalb die entlastenden Maßnahmen eher selten in Anspruch genommen werden (vgl. Wachtel 2013, S. 125f.).

## 3.2 Schweden

Das Königreich Schweden erstreckt sich über eine Fläche von 449.696 km$^2$ und hat 10.005.673 Einwohner. Die schwedische Staatsform ist die der parlamentarischen Demokratie mit monarchischem Oberhaupt. Das Pro – Kopf Bruttoinlandsprodukt liegt bei 46.232 €. Alle Angaben entsprechen dem Stand März 2017 (vgl. Auswärtiges Amt 2017).

Mir liegen keine wissenschaftlich fundierten Berichte vor, um die Frage zu beantworten, wie viele Menschen mit Behinderung in Schweden leben. Lediglich eine Schätzung von circa zwei Millionen Menschen mit Behinderung (vgl. Schmiester 2016).

### 3.2.1 Entwicklung der schwedischen Behindertenpolitik und Gesetze

Im schwedischen Kontext wurden 1943 erstmals Untersuchungen über Lebensbedingungen für Menschen mit Behinderungen durchgeführt. Die Ergebnisse sind aus der heutigen Sicht in Bezug zur Wohnsituation erschreckend. Ähnlich wie in Deutschland hatten Menschen mit Behinderungen keine Wahlmöglichkeiten, keine Anerkennung in der Gesellschaft und wurden in große Anstalten abgeschoben. Aufgrund dessen musste die schwedische Regierung reagieren. Es entstand der Normalisierungsgedanke, der zu einer Besserstellung der Betroffenen führen sollte (vgl. Aselmeier 2008, S. 144f.). In den 1950er Jahren wurde die erste Anstalt so umgebaut, dass eine Art Dorfcharakter entstand, um auch den dort Wohnenden ein normales Bild vom gemeinschaftlichen Zusammenleben bieten zu können. Es entstand im Jahr 1954 das „Gesetz zur Bildung und Betreuung weiterer geistig Zurückgebliebener". Unter diesem Aspekt wurden die Kommunen für die Unterbringung zur Verantwortung gezogen. Es sollte eine deutliche Verbesserung der Lebenssituation erfolgen. Durch die immer größer werdende Kritisierung der Unterbringungsform und dem Gedanken der Selbstbestimmung konnte ein Elternverband, bestehend aus Eltern von Menschen mit Behinderungen die Politik hinsichtlich dieser Thematik sensibilisieren (vgl. Aselmeier 2008, S. 146f.). Trotzdem geschah bis in die 1970er Jahre eher wenig auf dem Gebiet der Behindertenpolitik. 1967 wurde das „Gesetz zu spezialisierten Hilfen für geistig Entwicklungsgestörte" veröffentlicht. Das Hauptziel lag darin, die Einweisungen in die großen Anstalten zu vermeiden und eher gemeinwesenintegrierte Dienste in Anspruch zu nehmen. Ein Beispiel hierfür war damals eine Wohngruppe außerhalb der stationären Einrichtungen. Jede dieser Wohngruppen wurden dabei in einzelne Wohneinheiten untergliedert, welche mit maximal vier Plätzen belegt werden durften. Durch die noch immer hohen Zahlen in den Anstalten kam im Jahr 1969 der Gedanke des selbstbestimmten Lebens auf. Somit sollten die bisherigen großen Unterkünfte einer Schließung unterzogen werden und anstelle dessen eine individuelle und bedürfnisorientierte Hilfeplanung erfolgen. Ab diesem Zeitpunkt wurde den Menschen mit Behinderungen zum ersten Mal in Schweden die Möglichkeit eröffnet eine Wahl zu treffen, hinsichtlich der bevorzugten Wohnform (vgl. Aselmeier 2008, S. 148-150.). Nach weiteren Untersuchungen und Projekten, wurde im Jahr 1980 das „Gesetz über soziale Dienste" veröffentlicht, welches nicht direkt Menschen mit Behinderung tangierte, ihnen jedoch den Zugang zu allen sozialen Unterstützungsmöglichkeiten eröffnete. Die schwedische Regierung erkannte, dass es keinen Nutzen hat, den Menschen der Umwelt anzupassen, sondern die Umwelt auf die individuellen

Bedürfnisse der jeweiligen Person anzugleichen. Dem folgte das „Gesetz über spezialisierte Hilfen für geistig Entwicklungsgestörte und andere" im Jahr 1985. Seine Hauptaussage lag darin, dass Menschen mit Behinderungen die Wahl zwischen den einzelnen Wohnformen gewährleistet werden muss und nicht ohne Absprache eine für die Behörde akzeptable Form, bestimmt werden konnte (vgl. Aselmeier 2008, S. 150f.). Hinzu kam das Recht auf eine Klage, wenn sie mit der aktuellen Wohnsituation nicht zufrieden sind. Durch die daraus resultierende enorme Nachfrage an gemeindeintegrierten Hilfen wurde ein Ausbau staatlicherseits finanziell unterstützt. Trotzdem der Gedanke der Individualität und Bedürfnisorientierung in der Arbeit berücksichtigt werden sollte, hatten viele Träger der Behindertenhilfe, noch immer einen Personal- und Dienstplanorientierten Charakter. Daraufhin reagierte die Regierung mit zwei Gesetzen. Es entstand 1993 das „Gesetz über die Hilfs- und Dienstleistungen für Personen mit herabgesetzter Funktionsfähigkeit", in dem festgehalten wurde, dass nicht die Behinderung, sondern der Hilfebedarf im Vordergrund der Arbeit stehen soll. Im Jahr 1994 folgte das „Gesetz über die persönliche Assistenz", welches 10 Faktoren beinhaltete, die den Rahmen zur Umsetzung dieser Hilfeleistung bildeten. Die persönliche Assistenz ist heutzutage ein sehr wichtiger Bestandteil in Bezug zu den im folgenden Abschnitt einzelnen Wohnformen für Menschen mit Behinderungen in Schweden. Um von den großen Anstalten endgültig weg zu kommen, wurde 1997 das „Gesetz zur Auflösung der Institutionen" in Kraft gesetzt. Hiermit wurde die Schließung der Anstalten veranlasst. Die Sozialhilfeträger mussten für die vom Gesetz betroffenen Einrichtungen die finanzielle Unterstützung einbehalten und durften weiterhin lediglich Wohngruppen mit einer 24-Stunden Betreuung, das Servicewohnen und die persönliche Assistenz unterstützen (vgl. Aselmeier 2008, S. 152f.). Zum Jahrtausendwechsel folgte ein Nationaler Aktionsplan der Regierung, mit dem Ziel alle öffentlichen Einrichtungen und Institutionen bis in das Jahr 2010 barrierefrei umgebaut zu haben (vgl. Aselmeier 2008, S. 155f.). Schweden nahm, wie Deutschland, an der UN – Behindertenrechtskonvention teil und schaffte somit einen weiteren Ausbau hinsichtlich der Selbstbestimmung und Inklusion von Menschen mit Behinderungen. Sie ratifizierten die Konvention im Jahr 2008. Das hierfür zuständige Ministerium für Gesundheit und Soziales übernimmt Verwaltungsaufgaben. Hinsichtlich der Behindertenpolitik, verabschiedete Schweden 2011 eine fünf – Jahres – Strategie, mit den Schwerpunkten: Arbeitsmarktpolitik, Sozialpolitik, Bildungspolitik, Transportwesen, IT – Politik, technische Zugänge, Rechtssystem, öffentliche Gesundheitspolitik und Kultur in Verbindung mit Medien und Sport (DIjA 2017, S. 2). Zur Überwachung und Interessenvertretung auf europäischer Ebene, dient neben den Ombudsmännern, der Behindertenverband (Handikappförbunden) (vgl. DIjA 2017, S. 3).

### 3.2.2 Wohnformen

Schweden hat im Vergleich zu Deutschland nicht die Einteilung in stationäre und ambulante Wohnformen für Menschen mit Behinderung. Aus diesem Grund werde ich eine Einteilung aus den mir vorliegenden Daten und Fakten vornehmen, um einen Ländervergleich im nächsten Kapitel durchführen zu können.

**<u>Ombudsmänner:</u>**

Um Machtmissbrauch und Misswirtschaft vorzubeugen, gib es in Schweden von der Regierung ernannte Ombudsmänner. Die oberste Funktion in ihren Bereichen ist es, den Personen im Kontakt mit Behörden einen Schutzrahmen zu bieten. Es gibt acht Bereiche die abgedeckt werden (vgl. Schwedisches Institut 2000, S. 1). Dazu gehören der Justizombudsmann, der Verbraucherombudsmann, der Gleichberechtigungsombudsmann, der Ombudsmann gegen ethnische Diskriminierung, der Ombudsmann gegen Diskriminierung aufgrund sexueller Veranlagung, der Kinderombudsmann, der Behindertenombudsmann und der Presseombudsmann (vgl. Schwedisches Institut 2000, S. 1ff.).

Sie stehen in ihren Bereichen zur Umsetzung von den Interessen der Betroffen zur Verfügung. Zudem sind sie für die Überwachung und Ausführung der Gesetze verantwortlich und fungieren im Fall einer Nichteinhaltung als rechtsberatende Stelle für die betroffenen Personen, unter anderem als Vermittlungsstelle zwischen der Person und Behörde (vgl. Schwedisches Institut 2000, S. 1).

**<u>Stationäre Wohnformen:</u>**

**Wohngruppen in Häusern mit 24 Stunden Betreuung**

In Schweden kann lediglich eine Wohnform dem stationären Bereich zugeordnet werden. Diese Wohngemeinschaften mit einer 24 – Stunden Betreuung sind ein Gebäudekomplex, bestehend aus mehreren miteinander verbundenen Einzelwohnungen. Das heißt jeder Bewohner hat seinen Rückzugsort in der eigenen Wohnung. Vorzufinden sind dort maximal vier bis fünf Wohnungen, diese beinhalten ein Badezimmer, eine Küche, ein Schlafzimmer und einen weiteren Raum. Diese sind durch Gruppenräume miteinander verbunden, sodass auch dort gemeinsame Aktivitäten, wie die gemeinsame Einnahme einer Mahlzeit, stattfinden können. Zu finden sind solche Einrichtungen in zentraler Lage einer Gemeinschaft. Durch die 24 – Stunden Betreuung kann ein erhöhter Mehraufwand abgedeckt werden, sodass Menschen mit stark erhöhtem Unterstützungsbedarf ständig Hilfe erwarten können. Dadurch, dass jeder in seiner eigenen Wohnung lebt, wird eine individuelle und benutzerorientierte Hilfe geleistet. In erster Linie soll diese Unterbringungsart nur zur Förderung der Selbstständigkeit dienen, um schlussendlich auf eine ambulante Leistung umzusteigen. Für Menschen, die lebenslang auf Hilfe von außen angewiesen sind, kann diese Wohnform, solange sie benötigt wird, bestehen bleiben (vgl. Hayward 2006, S. 13f.).

**<u>Ambulante Wohnformen:</u>**

**Adapted housing (Gastfamilie)**

Adapted housing bedeutet die Aufnahme eines Menschen mit Behinderung in einer Gastfamilie. Wenn es den Menschen nicht möglich ist weiterhin in der Herkunftsfamilie zu leben, da sich bestimmte Lebensumstände geändert haben oder die Familie nicht weiterhin in der Lage ist den Menschen zu fördern und zu unterstützen, existiert auch in Schweden die Möglichkeit der Gastfamilie. Ziel ist es den Menschen das Familienleben, mit allen seinen Strukturen, bieten zu können. Die Besonderheit in diesem System ist, dass schulpflichtige Menschen mit Behinderung die Möglichkeit haben in eine Gastfamilie aufgenommen zu werden, die in der Nähe einer Schule wohnt, welche er besuchen kann. Das bedeutet im Einzelnen, dass die Herkunftsfamilie generell in der Lage wäre, den Betroffenen zu fördern jedoch aufgrund einer beispielsweise abgeschiedenen Wohnsituation den Besuch einer Schule nicht umsetzen kann. So kann die schulpflichtige Person in einer Gastfamilie über die Schulwoche hinweg untergebracht werden und ist lediglich an den Wochenenden und Ferien wieder in seiner Herkunftsfamilie (vgl. Hayward 2006, S. 13).

**Servicewohnen**

Das Servicewohnen ist für Personen angedacht, die eigenständiger leben wollen, als in einer Wohngruppe mit 24 – Stunden Betreuung. Es ist wie eine Art Netzwerk anzusehen, welches mehrere Wohnungen für einen Träger der Behindertenhilfe beinhaltet. Diese sind in der Gemeinde verstreut, zum Beispiel in Wohnblocks oder anderen Gebäuden, vorzufinden. Menschen mit Behinderung, die in einer Servicewohnung leben, können dort unabhängig und selbstständig wohnen, haben jedoch jederzeit die Möglichkeit Unterstützung zu bekommen, falls es ein Problem zu bewältigen gibt. Die Wohnungen sind an einen Träger gekoppelt und dementsprechend an das dazugehörige Personal, das heißt die Bezugspersonen wechseln nicht ständig, um die Vertrauensbasis aufrecht zu erhalten. Unter anderem kann durch das bestehende Personal eine schnelle Kommunikation zwischen den einzelnen Wohnungen stattfinden und somit Kontakt zwischen den dort wohnenden Menschen aufgebaut werden (vgl. Hayward 2006, S. 14.).

**Persönliche Assistenz in eigener Wohnung / Haus**

Seit dem Jahr 2006 hat die für die persönliche Assistenz gegründete Behörde die Verantwortung übernommen. Leistungsberechtigt sind alle Menschen mit Behinderung unter dem 65. Lebensjahr und einem Bedarf an mindestens 20 Stunden Unterstützung in der Woche. Die Betroffenen, die bereits vor dem 65. Lebensjahr von der persönlichen Assistenz profitierten, können diese auch nach dem 65. Lebensjahr weiter nutzen. Die Grundlage bildete das bereits im vorherigen Abschnitt erwähnte „Gesetz zur Unterstützung und Dienstleistung für gewisse Funktionsbehinderte" aus dem Jahr 1994. Öffentliche sowie private Träger der Behindertenhilfe, können für die persönliche Assistenz akquiriert werden. Sie müssen im Rahmen dieser Hilfeleistung und bezüglich eines selbstbestimmten Lebens 11 Hilfebereiche abdecken (vgl. Bundesministerium für Arbeit und Soziales 2006, S. 40f.). Dazu gehören (Bundesministerium für Arbeit und Soziales 2006, S. 43):

- Kontaktpersonen
- Kurzzeitbesuche außerhalb des Hauses
- Ablösedienste zu Hause
- Begleitdienste
- Kurzzeitpflege
- Information und Beratung
- Persönliche Assistenz
- Wohnung mit besonderem Service
- Tagesbeschäftigung
- Familienwohnheim oder Gruppenwohnung
- Kurzzeitbetreuung von Schulkindern über 12 Jahre

Die Finanzierung dieser Art wird von den Sozialversicherungsträgern übernommen, welche ebenfalls den Bedarf prüfen und einschätzen. Das Ziel der schwedischen Regierung ist es, dass alle Menschen mit Behinderung, egal wie schwer die

Beeinträchtigung ist, ein gleichberechtigtes Leben führen können. Aus diesem Grund wird die persönliche Assistenz vorrangig als Hilfeleistung angeboten. Dieses Modell funktioniert ähnlich wie das deutsche persönliche Budget als Arbeitgebermodell. Diesbezüglich sind in Schweden mittlerweile die Menschen mit dieser Leistung zusammengenommen, der zweitgrößte Arbeitgeber. Im Jahr 2006 gab es rund 14.000 Hilfeempfänger, die circa 40.000 Assistenten*innen beschäftigten (vgl. Bundesministerium für Arbeit und Soziales 2006, S. 41). Die Zahl steigt bis heute, so gab es gegen Ende 2012 bereits circa 17.000 Menschen mit Behinderung, die diese Leistung in Anspruch genommen haben (vgl. Bolling 2013, S. 2).

Für Menschen, die nicht in eigener Verantwortung die Hilfeplanung als Arbeitgeber übernehmen können, gibt es Träger, die in Zusammenarbeit mit dem Betroffenen die Hilfeorganisation durchsprechen (vgl. Bundesministerium für Arbeit und Soziales 2006, S. 41).

Das schwedische System lenkt immer wieder auf die persönliche Assistenz, damit die eben genannten Wohnformen nicht unbedingt in Anspruch genommen werden müssen. Zudem ist diese Hilfeform eine der besten Möglichkeiten die Paradigmen der Selbstbestimmung und Inklusion in die Gesellschaft umsetzen zu können.

## 3.3 Großbritannien

Das vereinigte Königreich Großbritannien erstreckt sich über eine Fläche von 243.820 km$^2$ und hat 64,60 Millionen Einwohner. Die vorherrschende Staatsform, ist die der parlamentarischen Monarchie mit zwei Kammern. Das Pro – Kopf Bruttoinlandsprodukt liegt bei 28.634 GBP. Alle Angaben sind vom Stand April 2017 (vgl. Auswärtiges Amt 2017).

In Großbritannien leben nach dem aktuellen Family Resources Survey 13,3 Millionen Menschen mit Behinderung. Davon sind 44% höheren Alters, 18% im arbeitsfähigen Alter und 7% Kinder. Nach diesen Angaben hat Großbritannien einen sehr großen Anteil von Menschen mit Behinderungen zu versorgen (vgl. Department for Work and Pensions 2017, S. 7).

### 3.3.1 Entwicklung der britischen Behindertenpolitik und Gesetze

Der Grundgedanke, gerechte Wohnmöglichkeiten für Menschen mit Behinderung, zu schaffen, wurde durch den „National Assiance Act" aus dem Jahr 1946 aufgeworfen. Es wurde auffällig, dass die Personen ähnlich wie in Deutschland oder Schweden an einem abgelegenen Standort und keinesfalls eine qualitativ entsprechende

Betreuung genießen durften. Daraufhin wurde den Kommunen die Berechtigung entzogen die Unterbringung zu organisieren. Anstelle davon wurde der National Health Service gegründet und bekam die Zuständigkeit überschrieben. 1957 übte die Royal Commission starke Kritik an den Einrichtungen für Menschen mit Behinderung vor. Sie beklagten sich primär über den Sanierungsbedarf der Gebäude und dem dort arbeitenden unqualifizierten Personal. Mit dem Mental Health Act 1959 sollte die Abschaffung solcher negativen Faktoren erfolgen. Zudem bekamen Menschen mit Behinderung mehr Rechte und konnten dementsprechend die eigene Meinung im Prozess des Wandels einbringen (vgl. Aselmeier 2008, S. 124f.).

Im Zusammenhang mit der Entwicklung der Behindertenpolitik in Großbritannien wird im Laufe dieses Abschnittes immer wieder von dem Begriff Weißbuch Gebrauch gemacht. Ein Weißbuch ist lediglich ein vorzeitiger Gesetzesentwurf für die Erprobungsphase neuer Grundlagen.

1971 kam es zu dem Weißbuch „Better Services for Mentally Handicapped", welcher zur Umgestaltung von den Hilfen für Menschen mit Behinderung in Bezug auf die Wohnmöglichkeiten diente. Es entstanden so genannte „Residental Homes". Sie kennzeichneten sich durch eine Maximalbelegung von 20 – 25 Personen. Daraufhin folgten die ersten Versuche Mitte bis Ende der 70er Jahre die Menschen in eigenen Wohnungen oder sogar Häusern zu unterstützen. In dieser Zeit lag der Ausgangspunkt für das britische persönliche Budget („direct payment"). Mittels Projekte, Weiterbildungen des geschulten Personals und kleineren Gruppengrößen konnten die Wohnbedingungen für die Betroffenen deutlich verbessert werden. Es entstand jedoch das Problem, dass durch den extremen und schnellen Paradigmenwechsel nicht ausreichend gemeinwesenintegrierte Dienste zur Verfügung standen. Viele der großen Anstalten hatten bereits geschlossen oder das Konzept verändert. Somit wurde es sehr schwierig einen entsprechenden Platz zu finden (vgl. Aselmeier 2008, S. 126-128).

Die Entwicklung setzte sich mittels des „Community Care Acts" im Jahr 1990 fort. Dieses Gesetz diente der Förderung des Aufbaus von gemeinwesenorientierten Hilfen. Festgehalten wurde darin, dass die lokalen Behörden zuständig für die Einrichtungen und deren Finanzierung wurden. Die großen Anstalten sollten lediglich Kurzaufenthalten dienen, solange keine andere Form der Unterbringung gegeben ist. Zudem sollten die Sozialbehörden als Auftraggeber für die Träger der Behindertenhilfe fungieren und durch eine individuelle und bedürfnisorientierte Hilfeplanung den Menschen die Wahlmöglichkeiten zusprechen. Trotz der positiven Merkmale des Community Care Acts lief dessen Umsetzung zäh an. Die Kommunen fanden kaum Anreiz die bisherigen Umstände zu ändern, da keine Sanktionierung seitens der Regierung festgehalten wurde. Zudem ließ das Gesetz einen großen Handlungsspielraum offen (vgl. Aselmeier 2008, S. 128-131).

Zur Jahrtausendwende folgte das Weißbuch „Valuing People", welches den vollständigen Umbau des Hilfesystems für Menschen mit Behinderung einleiten sollte. Miteinbegriffen wurden die Konzepte der Teilhabe, Bedarfsorientierung und personenzentrierten Hilfe. Zudem erfolgte die Schließung der letzten bestehenden großen Anstalten und ein flächendeckender Ausbau von gemeinwesenintegrierten Hilfen. Die von dem Gesetz betroffenen Personen erhielten einen Aufschwung an Wahlberechtigung- und Möglichkeiten hinsichtlich der Wohnformen und somit eine deutliche Verbesserung der Lebensqualität. Zur Realisierung des persönlichen Budgets wurden individuelle, personenzentrierte Hilfepläne erstellt. Diese Pläne zeichnen sich durch die Berücksichtigung der Bedürfnisse des Klienten und einer Hilfeanpassung aus, um den Betroffenen bestmögliche Lebensbedingungen zu schaffen und nicht die Vorteile für die Behörde auszubauen. Erstmals in der britischen Behindertenpolitik konnten die Familien von Menschen mit Behinderung Unterstützung erfahren. Auch das Personal musste Weiterbildungen durchführen, um die bis heute existierenden Grundpfeiler der Behindertenpolitik anzunehmen und in die Praxis umzusetzen zu können. Es handelt sich dabei um die Prinzipien: Rechte, Unabhängigkeit, Wohnmöglichkeit und Inklusion. Seit 2002 übernahm die „Learning Disability Development Found" die Finanzierung des Umbaus des Hilfesystems und der Modernisierung der Einrichtungen für Menschen mit Behinderung (vgl. Aselmeier 2008, S. 133-136). Auch Großbritannien nahm an der UN – Behindertenrechtskonvention im Jahr 2006 teil und schaffte dadurch ebenfalls einen Ausbau der Leitideen der Inklusion und des selbstbestimmten Lebens. Das zuständige Ministerium, nennt sich Department for Work and Pensions. Großbritannien ratifizierte die Konvention im Jahr 2009. Die Equality an Human rights commission ist für das Monitoring verantwortlich. 2011 folgte der erste Bericht über die praktische Umsetzung der UN – BRK. Mit dem Plan „Fulfilling Potential – Making it Happen" möchte Großbritannien neue Wege zu Umsetzung ermöglichen (vgl. DIjA 2017, S. 2f.).

## 3.3.2 Wohnformen

**<u>Stationäre Wohnformen:</u>**

**Konzept „Heime zum Leben"**

Bevor ich auf die stationären Wohnangebote für Menschen mit Behinderung in Großbritannien eingehe, erläutere ich das britische Konzept „Heime zum Leben".

Das Konzept wurde auf der Grundlage des Gesetzes aus dem Jahr 1984 erlassen. Dieses Gesetz diente der Qualitätssicherung, da in diesem Zeitbereich die großen Anstalten geschlossen wurden und eine Vielzahl von kleinen Wohnheimen für Menschen mit Behinderung entstanden (vgl. Lindmeier et. al. 2001, S. 308). Die Regierung wollte zum einen dem Gedanken entgegenwirken, dass die kleinen Heime eine ebenso qualitativ schlechte Arbeit verrichten, wie die damaligen Anstalten, zum anderen den der Kostendämpfung. In diesem Zusammenhang wird deutlich, dass das Konzept zum Zeitpunkt der Dezentralisierung entstanden ist. Um die Qualität in den neuen kleinen Heimen sichern zu können, gibt „Heime zum Leben" sechs Eckpfeiler vor, die im Heimalltag integriert und praktisch umgesetzt werden sollen (vgl. Lindmeier et. al. 2001, S. 306f.).

Diese sind (Lindmeier et. al. 2001, S. 307):

- Wahlfreiheit
- Rechtssicherheit
- Selbstverwirklichung
- Unabhängigkeit
- Privatheit
- Würde

Durch diese sechs Werte wird es den Menschen ermöglicht mitzubestimmen und dementsprechend auf die eigene Lebenssituation einzuwirken. Ihnen wurden durch das Konzept völlig neue Grenzen gesetzt und ein selbstbestimmtes Leben ermöglicht. Hinzu kommt, dass die Regierung die Heime vor deren Eröffnung registrierte und durch ein Überprüfungssystem der Behörden zwei Mal jährlich unangemeldet kontrollieren ließ. Durch diese Kontrollfunktion konnten der Heimleitung Verbesserungsvorschläge unterbreitet werden, die sehr oft umgesetzt worden sind (vgl. Lindmeier et. al. 2001, S. 309).

Den heutigen Standards reichen die sechs Eckpfeiler bei weitem nicht aus. Viele Einrichtungen arbeiten darüber hinaus und ermöglichen den Menschen ein selbstbestimmtes und inklusives Leben. Trotz dessen hat dieses Konzept die Annahmebereitschaft des Wandels von großen Anstalten in kleine Einrichtung positiv beeinflusst.

**Residental and nursing homes (Pflegeheim)**

Residental and nursing homes sind im deutschen als Pflegeheim zu verstehen. Im britischen Kontext sind das Einrichtungen, die mindesten 16 bis über 40 Plätze für Bewohner bereithalten. Hinzu kommt eine 24 Stunden Betreuung mit Nachtwachen (vgl. Aselmeier 2003, S. 14). Das Personal ist für alltägliche Dinge im Leben zuständig. Dazu zählen beispielsweise die Körperhygiene, das Anziehen oder die Zunahme von Mahlzeiten. Der einzige Unterschied zwischen einem residental home und einem nursing home ist, dass in den nursing homes eine 24 stündige medizinische Versorgung von entsprechend geschultem Personal stattfindet.

Wie ich bereits im deutschen Kontext kritisiert habe, ist diese Form der Unterbringung keinesfalls eine Zufriedenstellung hinsichtlich der Selbstbestimmung und Inklusion. Diese residental and nursing homes sind lediglich für Menschen älteren Lebensalters angedacht, die im Gegensatz zu Menschen mit Behinderungen andere Bedürfnisse haben. Das dort arbeitende Personal hat oftmals zudem keine entsprechende Qualifizierung für den Umgang, die Betreuung und Pflege von Menschen mit Behinderung.

**Hostels (Wohnheime)**

Hostels, im deutschsprachigen Raum Wohnheime, haben einen ähnlichen Konzeptaufbau, wie residental homes. Sie halten Plätze für mindestens sechs, aber höchstens 16, Bewohner vor. Generell ähnelt der Aufbau den deutschen Wohnheimen, sodass eine Betreuung von entsprechend geschultem Personal tagsüber stattfindet. In der Nacht haben die Mitarbeiter entweder Bereitschaft im Haus und übernachten dort, bis die Frühschicht ihren Dienst antritt oder eine Rufbereitschaft per Telefon Abhilfe leistet (vgl. Aselmeier 2003, S. 14).

Im Vergleich zum vorhergehenden Modell ist diese Art der Unterbringung deutlich besser für die dort lebenden Menschen mit Behinderung. Das Personal kann aufgrund ihrer Ausbildung in bestimmten Problemsituationen adäquat reagieren, damit eine bedürfnisorientierte und individuelle Hilfe erfolgen kann.

**<u>Ambulante Wohnformen:</u>**

**Konzept „supported living"**

Das Konzept des „supported living" findet im britischen Raum in Bezug auf die ambulanten Hilfen Anwendung. Ursprünglich kommt es aus den USA und wurde in Großbritannien mit kleinen Anpassungen übernommen. Durch lange Entwicklungsprozesse und auf vielen daraus resultierenden Erfahrungen, basiert das heutige Konzept. Es soll vielmehr als die Trennung von Wohnraum und Betreuung, sowie einer individuellen Hilfeplanung bedeuten. Supported living soll die Menschen in ihren eigenen Wohnungen und Häusern unterstützen, sie als Bürger in die Gesellschaft einbringen und die Partizipation in der Gemeinde ermöglichen. Um dies zu arrangieren, bedarf es einiger Veränderungen im Denken über Menschen mit Behinderung. Dies gilt jedoch nicht nur für das Personal, sondern für die gesamte Gesellschaft (vgl. Lindmeier et. sl. 2001, S. 313). Aselmeier hält dafür sechs Werte fest, die das support living in seiner Umsetzung unterstützen.

- Menschen mit Behinderung können in der eigenen Wohnung oder eigenem Haus leben

- Menschen mit Behinderungen bekommen mehr Kontrolle über das eigene Leben

- Die Beziehung zwischen zu Helfendem und Helfer ändert sich bezüglich der Art und Weise der Durchführung von Hilfen

- Berücksichtigung von individuellen Bedürfnissen und Wünschen in der Hilfeplanung

- Nicht die Menschen müssen sich dem System unterordnen, das System muss auf sie abgestimmt werden

- Die Hilfe kann je nach Situation geändert werden, damit die Individualität gewahrt wird

Die hohen Anforderungen, die mit diesem Konzept einhergehen, werden im britischen Kontext sehr gut umgesetzt (vgl. Aselmeier 2003, S. 41f.).

**Staffed group homes (Wohngruppen)**

Staffed group homes sind Wohngruppen, in denen midestens zwei bis maximal fünf Plätze für Menschen mit Behinderungen zur Verfügung stehen. Zudem ist dort, vergleichbar mit den Wohnheimen, das Personal tagsüber ständig anwesend und in der Nacht mittels einer Rufbereitschaft zu erreichen. Diese Wohnform ist für Menschen angedacht, die ihren Tagesrythmus weitestgehend selbstständig bewältigen können (vgl. Aselmeier 2003, S. 14).

**Accomodation with minimum staff support (selbstsändige Wohnform)**

Als die nächst höhere Entwicklungsform des ambulant Betreuten Wohnens in Großbritannien gibt es die „accomodation with minimum staff support". Wie der Name bereits erwähnt, ist das Personal hier nur stundenweise oder per Rufbereitschaft anwesend. Die Menschen sind in der Wohngruppe zum Großteil des Tages auf sich allein gestellt. Zusätzlich können auch vom Träger Einzelwohnungen zu Verfügung gestellt werden, sodass der Betroffene auf die nächste Ebene des selbstbestimmten Lebens und damit einhergehenden selbstständigen Wohnens vorbereitet werden kann (vgl. Aselmeier 2003, S. 14f.).

**Direct Payment (persönliches Budget)**

Das persönliche Budget in Großbritannien nennt sich direct payment. Es entstand durch den 1997 veröffentlichten „Community Care Direct Payment Act". Diese Hilfeform fand nur schwer Anerkennung in der Gesellschaft und wurde dementsprechend wenig in Anspruch genommen. Somit hatten in England 2003 und 2004 lediglich 1% der Menschen, die einen Anspruch auf das „direct payment" haben, es beantragt. Seitdem sind die Behörden dazu verpflichtet, bei einer Hilfeumstellung oder neuen Hilfe als erstes das „direct payment" als eine Möglichkeit aufzuzeigen. Leistungsberechtigt sind Menschen mit körperlicher, geistiger oder seelischer Behinderung, sowie Menschen höheren Alters oder einer chronischen Erkrankung. Die Altersmindestgrenze liegt bei 16 Jahren. Auch Eltern und andere Angehörige können von dem Leistungsempfänger für die Pflege angestellt werden (vgl. Bundesministerium für Arbeit und Soziales 2006, S. 34f.). Der Empfänger muss in der Lage sein die Leistungen selbstständig verwalten zu können und die Kontrolle über die einzelnen Hilfen zu behalten. Auch in Großbritannien wird deutlich, dass Menschen mit einer geistigen Behinderung die Form des „direct payments" weniger nutzen als Menschen mit seelischer oder körperlicher Behinderung. Wie auch in Deutschland oder Schweden, ist zu erkennen, dass diese Unterstützungsform momentan die fortschrittlichste, hinsichtlich der Aspekte der Selbstbestimmung und Inklusion, ist (vgl. Bundesministerium für Arbeit und Soziales 2006, S. 36

# 4 Vergleich der Wohnmöglichkeiten von Deutschland, Schweden und Großbritannien

| | Deutschland | Schweden | Großbritannien |
|---|---|---|---|
| **Länderdaten** | Fläche: 357.050 km² Einwohnerzahl: 82,2 Millionen Regierungsform: demokratisch parlamentarischer Bundesstaat Pro – Kopf BIP: 37,866€ Ende 2015 insg. 7,6 Millionen Menschen mit Behinderung | Fläche: 449.696 km² Einwohnerzahl: 10.005.673 Regierungsform: Parlamentarische Demokratie mit monarchischem Oberhaupt Pro – Kopf BIP: 46,232€ Aktuell ca. 2 Millionen Menschen mit Behinderung | Fläche: 243.820 km² Einwohnerzahl: 64,6 Millionen Regierungsform: parlamentarische Monarchie mit zwei Kammern Pro – Kopf BIP: 28.634 GBP Ende 2015 / Anfang 2016 ca. 13,3 Millionen Menschen mit Behinderung |
| **politische Entwicklung** | Bis 1970er Jahre Behinderung nach medizinisch – psychiatrischen Modell / große Anstalten für Menschen mit Behinderung Ende 1970er gemeindenahes Wohnen durch Normalisierungsprinzip / Entstehung kleinerer Wohnkonzepte Ende 1990er Jahre Paradigmen der Selbstbestimmung und Teilhabe in Gemeinwesen Heute Leitidee „ambulant vor stationär" | 1946 Normalisierungsgedanke in den großen Anstalten 1950er bis 1960er Jahre Konzeptentwicklungen alternativer kleinerer Wohnformen ab 1970er Jahren Deinstitutionalisierung der Anstalten ab Mitte der 1980er Jahren Auflösung der bisherigen Anstalten zudem Gemeindeintegration in kleinen Wohnformen Heute kaum Beanspruchung von Heimunterbringung fast gesamtes System auf persönliche Assistenz ausgelegt | bis 1970er Jahre vorherrschendes medizinisches Modell von Behinderung / große Anstalten für Unterbringung ab 1970er Jahren durch Kritisierung entstand Deinstitutionalisierung / Entstehung gemeindeintegrierter Dienste 1990er Jahre „Community Care Act" als Wende der politischen Entwicklung 2000er Jahre durch Weißbuch „Valuing People" Neuentwicklung des Systems bis Heute Einbezug von Bedarfsorientierung und Personenzentrierung |

|  | **Deutschland** | **Schweden** | **Großbritannien** |
|---|---|---|---|
| **Gesetzestexte f. Wohnen** | Rechte verankert im Sozialgesetzbuch IX seit 2001 | Rechte verankert im Gesetz über Hilfs- und Dienstleistungen für Schwerbehinderte seit 1994<br><br>Gesetz über den Sozialleistungsdienst | Rechte verankert im Community Care Act von 1990<br><br>Care Standards Act von 2000<br><br>Health and Social Care Act von 2001 |
| **Wohnformen** | *Stationäre Wohnformen*<br>Komplexeinrichtungen<br>Dorfgemeinschaften<br>Wohnheime<br>Pflegeheime/Kliniken<br>*Ambulante Wohnformen*<br>Gastfamilie<br>Herkunftsfamilie<br>Ambulant betreutes Wohnen<br>Persönliches Budget | *Stationäre Wohnformen*<br>Wohngruppen in Häusern mit 24 – Stunden Betreuung<br>*Ambulante Wohnformen*<br>Adapted housing (Gastfamilie)<br>Servicewohnen<br>Persönliche Assistenz in eigener Wohnung / Haus | *Stationäre Wohnformen*<br>Residental and nursing homes (Pflegeheim)<br>Hostels (Wohnheim)<br>*Ambulante Wohnformen*<br>Staffed group homes<br>Accomodation with minimum staff support<br>Direct payment |

Tab. 3: Ländervergleich

(Als Quellen zur Erzeugung der Tabelle dienten die Vorherigen Kapitel)

Die vorhergehende Tabelle zeigt die wichtigsten Daten und Fakten der einzelnen Länder im Vergleich auf.

**Länderdaten:**

In Bezug auf die Einwohnerzahl aller Länder ist auffallend, dass Großbritannien den höchsten Anteil von Menschen mit Behinderungen beherbergt. Dieser Wert ist deutlich höher, was lediglich daran liegt, dass in Großbritannien alle Menschen, auch Ältere, in die Berechnung mit einbezogen werden.

**Politische Entwicklung:**

Bis in die 1970er Jahre lebten in Deutschland und Großbritannien Menschen mit Behinderungen in großen Anstalten, ohne, dass diese unzumutbaren Zustände von der Gesellschaft kritisiert wurden. Im Gegensatz dazu kam in Schweden bereits im Jahr 1946 der Normalisierungsgedanke zum Tragen. In den darauffolgenden Jahrzehnten entwickelte sich die Wohnsituation der Betroffenen entschieden weiter. Es wurden gemeindenahe Konzepte entwickelt, die eine bessere Versorgung der Menschen mit Behinderung einbezogen haben. Ab den 1970er Jahren fanden in Großbritannien und Schweden die Deinstitutionalisierung statt. Die Anstalten sollten unter diesem Gedanken als oberstes Ziel geschlossen werden. Dies konnte nicht innerhalb kürzester Zeit umgesetzt werden, da nicht ausreichend Plätze in den gemeindenahen Wohnformen frei waren, so musste zumindest die Platzanzahl reduziert werden. In Deutschland begann der Prozess der Deinstitutionalisierung, durch die Einführung des Normalisierungsgedankens, erst gegen Ende der 1970er Jahre. Auch hier entstanden gemeinwesenintegrierte Wohnkonzepte, um die Lebenssituationen der Menschen mit Behinderung zu verbessern. Ab Mitte der 1980er Jahre begann Schweden mit der Auflösung der letzten noch bestehenden großen Anstalten. Das Land konzentrierte sich auf die kleinen gemeindenahen Wohnformen. In diesem Vergleich begann Großbritannien als nächstes Land Mittels des „Community Care Acts" eine Wende hinsichtlich der politischen Lage für Menschen mit Behinderung. Auch in diesem Gesetz wurde die Schließung großer Anstalten beschlossen, dies funktionierte jedoch eher schleppend, da den Kommunen keine Sanktionierung bei Nichteinhaltung bevorstand. Durch den Einbezug der Paradigmen Selbstbestimmung und Teilhabe gegen Ende der 1990er Jahre, wurden auch in Deutschland die gemeinwesenintegrierten Wohnformen immer attraktiver. Kein Gesetzestext veranlasste die Schließung der großen Anstalten für Menschen mit Behinderung, es wurden jedoch immer mehr Auflagen entwickelt, um auch dort die Lebensverhältnisse zu verbessern. Diese Auflagen bestehen bis heute und sind in den länderspezifischen Wohn- und Teilhabegesetzen verankert. Durch das in den 2000er Jahren erschienene Weißbuch „Valuing People" in Großbritannien wurde letztendlich auch hier ein Umbruch der Behindertenarbeit gefördert. Die letzten großen Anstalten bekamen keine Finanzierung mehr, seitens der Kommunen und mussten dementsprechend neue gemeindenahe Konzepte vorweisen und praktisch umsetzen. Heutzutage ist, wie auch bereits im geschichtlichen Verlauf deutlich wird, das Land Schweden am weitesten entwickelt in der Hilfe für Menschen mit Behinderungen. Dies wird erkenntlich, da das gesamte System auf die persönliche Assistenzleistung ausgelegt ist und die Menschen somit in den eigenen vier Wänden leben können. Es gibt keine Grundvoraussetzungen bezüglich der kognitiven Leistungsfähigkeit. Im Gegensatz dazu sind Deutschland und Großbritannien nicht so weit. Sie haben zwar auch im Hilfesystem das persönliche Budget und das direct payment, legen das System jedoch nicht auf diese Form aus. In Deutschland gilt der Grundgedanke „ambulant vor stationär" und beinhaltet somit auch andere ambulante Wohnformen. Großbritannien konzentriert die Hilfeleistung auf die Personenzentrierung und Bedarfsorientierung, meint damit jedoch auch andere entsprechende ambulante Wohnformen.

**Gesetzestexte für Wohnen:**

Die rechtlichen Grundlagen hinsichtlich des Bereiches Wohnen für Menschen mit Behinderung sind in allen Ländern unterschiedlich, obwohl sie auf ein und das selbe Ziel hinauswollen. So sind in Deutschland die richtungsweisenden Normen im Sozialgesetzbuch IX unter den §§ 55ff. zu finden, welches im Jahr 2001 in Kraft trat. In Schweden sind es Gesetze, die sich aus der politischen und damit einhergehenden rechtlichen Entwicklung ergaben. So ist es das Gesetz über Hilfs- und Dienstleistungen für Schwerbehinderte seit 1994 in Verbindung mit dem Gesetz über den Sozialleistungsdienst, welches den Sozialleistungsträgern die Vorgaben für eine Hilfeleistung gibt. In Großbritannien ist ein ähnliches Bild vorzufinden. Die wohnbezogenen Gesetze befinden sich im „Community Care Act" aus den 1990er Jahren, dem „Care Standards Act" aus dem Jahr 2000 und dem „Health and Social Care Act" von 2001.

**Wohnformen:**

Die angebotenen Wohnformen der Länder stimmen teilweise überein, weisen jedoch ebenso viele Unterschiede auf. Deutschland ist hinsichtlich der ambulanten Unterbringung am wenigsten entwickelt. Vor allem durch die Komplexheime, die gewissermaßen von der Größe nur kleine Abweichungen gegenüber den damaligen Anstalten vorweisen können. In Großbritannien und Schweden sind diese schon längst durch entsprechende Gesetzesentwürfe geschlossen worden. Ansonsten fällt auf, dass die restlichen Formen sich denen von Großbritannien ähneln. Die Menschen haben die Wahl zwischen einem Wohnheim oder Pflegeheimen. Auch die Dorfgemeinschaft ist eine besondere Form der Unterbringung in Deutschland. Im Vergleich zu Schweden wäre es wünschenswert für die Betroffenen ebenfalls nur die Wohngruppen als stationäre Aufnahme zur Verfügung gestellt zu bekommen. Die ambulanten Wohnformen ähneln sich in allen Ländern. Diese sind zum einen die Herkunftsfamilie, eine Gastfamilie, das ambulant betreute Wohnen oder das persönliche Budget, welches die Finanzierung einer selbstbestimmten Wohnform ermöglicht. Besonders für den deutschen und britischen Rahmen müssen Weiterentwicklungen der Gesetzestexte gefertigt werden. Zudem müssen die Grundgedanken verschwinden, in denen es heißt, dass Menschen mit geistiger Behinderung nicht in der Lage wären in einer eigenen Wohnung zu leben. Schweden zeigt, dass sie genau das auch können, durch eine bedürfnisorientierte und personenzentrierte Arbeit, sowie die Anerkennung von Menschen mit Behinderung als gleichwertiges Mitglied der Gesellschaft. Durch diese Eigenschaften können dort Menschen von der persönlichen Assistenz profitieren.

## 4.1 Perspektiven in Deutschland

Sehr oft ist in Deutschland für Menschen mit geistiger Behinderung lediglich die Unterbringung in Wohnheimen oder ähnlichen Einrichtungen möglich, wenn sie aus der Herkunftsfamilie herausmüssen oder wollen. Bis auf die bereits erläuterten Wohnformen existiert eine geringe Anzahl an Projekten, die neue Wege aufzeigen. Hinzu kommt, dass viele Projekte in großen Städten wie Hannover, Berlin oder Köln durchgeführt werden. Im ländlichen Raum sind kaum Möglichkeiten geschaffen worden. Das bedeutet für einen Menschen mit Behinderung auf dem Land, dass er entweder in ein Wohnheim mit 50 weiteren Personen betreut wird oder weit weg von der Herkunftsfamilie ziehen muss und somit oftmals die wichtigsten Bezugspersonen in seinem Leben verliert.

Ein solches Projekt kann beispielsweise eine inklusive Wohngemeinschaft darstellen. Hier leben und wohnen Menschen mit und ohne Behinderungen zusammen. Meistens beläuft sich die Größe der Wohngemeinschaft auf 10 Personen. Damit sich Menschen finden, die sich auf ein solches Projekt einlassen, wohnen sie kaltmietfrei in einer vollständig ausgestatteten Wohnung. Die dort lebenden Menschen ohne Behinderung geben den Menschen mit Behinderung Unterstützung in alltäglichen Handlungen wie Kochen, Einkaufen oder Freizeitbeschäftigungen. Ansonsten haben die Menschen mit Unterstützungsbedarf einen Anspruch auf Leistungen in Form vom persönlichen Budget und können entweder von außerhalb eine Assistenz anstellen oder im Einvernehmen mit einem der anderen Bewohner die Leistungen bewältigen (vgl. Miteinander leben lernen 2017).

Ein weiterer wichtiger Aspekt hinsichtlich der Inklusion und Selbstbestimmung ist das Wohnen für Menschen mit Behinderung im Alter. Wie in den vorherigen Abschnitten dieser Arbeit verdeutlicht wurde, werden sie mit höherem Lebensalter in Pflegeheime oder Kliniken untergebracht, welche den Bedürfnissen keinesfalls gerecht werden können. Laut Haveman et. al. verbringen ältere Menschen im Durchschnitt mehr als drei Viertel ihrer Lebenszeit in der Wohnung beziehungsweise ihrem Wohnumfeld. Er stellt dahingehend an die deutsche Politik für Menschen mit Behinderung einige Forderungen, die die Lebensbedingungen um ein Vielfaches verbessern würden. Es muss eine anregende Wohnumgebung geschaffen werden, die ein würdevolles und sorgenfreies Altern ermöglicht. Zudem haben auch Menschen mit Behinderung, wie jeder Mensch, das Bedürfnis nach Sicherheit, Geborgenheit, Beständigkeit und Kommunikation (vgl. Haveman 2010, S. 136f.). Durch den in Deutschland voranschreitenden demographischen Wandel wird die

Umsetzung der Forderungen erschwert, da nicht genügend Einrichtungen vorhanden sind. Zusätzlich mangelt es an der finanziellen Unterstützung seitens des Staates, um ein attraktiven, sozialen Bereich zu schaffen. Nicht zu vernachlässigen ist in diesem Zusammenhang die Ökonomisierung der Sozialen Arbeit, die durch die voranschreitende Globalisierung immer häufiger einem wirtschaftlichen Prozess unterworfen wird (vgl. Haveman 2010, S. 140). Diese angesprochenen Faktoren sind nur einige, die die Förderung der Wohnmöglichkeiten für Menschen mit Behinderung stark beeinflussen. Eine ausführliche Problemdarstellung würde an dieser Stelle den Rahmen der Arbeit überschreiten.

# 5 Fazit

Diese Arbeit sollte einen ausführlichen Überblick über die Wohnformen für Menschen mit Behinderungen geben. Um dieses Ziel zu erreichen wurden im ersten Abschnitt meiner Arbeit grundlegende Begriffe, wie geistige Behinderung, Community Care, Partizipation, Empowerment und Deinstitutionalisierung ausgiebig erklärt. Darauf aufbauend folgten drei verschiedene Konzepte, die in der Arbeit mit Menschen mit Behinderungen eine existenzielle Rolle darstellen. Diese wurden anhand vom deutschen System erklärt. Nachdem alle Grundprinzipen geklärt wurden, folgte im Hauptteil dieser Arbeit ein Überblick über die politischen Entwicklungen in der Arbeit mit Menschen mit Behinderungen, rechtliche Grundlagen, sowie die Wohnformen der Länder Schweden, Großbritannien und Deutschland.

Zusammenfassend konnte festgestellt werden, dass die einzelnen Hilfesysteme lange Entwicklungsprozesse durchlaufen haben, die letztendlich zur heutigen Wohn- und Lebenssituation führten. Oftmals waren es Elternverbände für Menschen mit Behinderungen, die der Politik einen Anstoß gaben und die Veränderungen herbeiführten. Im Prinzip haben alle drei Länder in unterschiedlicher Geschwindigkeit die gleichen Entwicklungen durchgestanden. Die besten Wohnbedingungen hinsichtlich der Aspekte Selbstbestimmung und Inklusion hat momentan Schweden, dadurch, dass fast die gesamte Hilfe auf die persönliche Assistenz ausgelegt worden ist. Diesbezüglich können die Soziale Arbeit und ihre Handlungsmöglichkeiten in Deutschland auf das System einwirken und versuchen Veränderungen zu bewirken, um auch in Deutschland Menschen mit Behinderungen eine zufriedenstellende Situation in Erfahrung zu geben. Durch die in dieser Arbeit gewonnenen Erkenntnisse können die Erfahrungen und Möglichkeiten auf das deutsche System übertragen und durch das Berufsfeld der Sozialen Arbeit in die Praxis umgesetzt werden.

Mit dem Grundgedanken des ambulanten Wohnens schlägt die Arbeit bereits den richtigen Weg ein. Auch das deutsche Rechtssystem auf Basis des SGB IX und des BGG und die damit einhergehenden Teilhabechancen fördern die Konzepte der Integration sowie Inklusion. Die Berücksichtigung der Bedürfnisse hinsichtlich des Wohnens im Alter müssen weiterhin verfolgt werden und durch weitere Fachbeiträge sowie engagierte Sozialpädagogen*innen und Elternverbände kritisiert werden. Auf Basis meiner eigenen Erfahrungen sollten auch ländliche Bereiche stärker unterstützt werden. Hinzu kommt, dass das Land Schweden bereits einen großen Schritt weiterentwickelt ist als Großbritannien oder Deutschland. Nur vereinzelt findet man hierzulande Menschen, die der Meinung sind, dass Menschen mit Behinderungen in selbstständiger Form leben und wohnen können.

Projekte, wie eine Wohngemeinschaft von Menschen mit und ohne Behinderungen, können die Wohnsituation derer, die auf Hilfe und Unterstützung im Alltag angewiesen sind, deutlich verbessern und durch deren Erfolg dazu beitragen, dass auch die Politik aufmerksam wird um eine spezielle Förderung und Finanzierung durchsetzen.

Für den Staat entstehen unter Berücksichtigung der aufgeführten Aspekte und deren Zusammenspiel zwei Problemlagen, die es meiner Meinung nach zu bewältigen gilt. Einerseits müssen einige grundlegende Veränderungen im Rechtssystem erfolgen, um auch für Menschen mit einer geistigen Behinderung einen einfachen Zugang zum persönlichen Budget zu schaffen. Zum anderen muss eine bessere Finanzierung der gemeinwesenintegrierten Hilfen erfolgen, um Träger zu motivieren mehr ambulante Wohnformen zu errichten und somit der Ökonomisierung in diesem Sektor entgegen zu wirken.

# 6 Literaturverzeichnis


Amsink, J. (2015). Enthospitalisierung und Empowerment. Möglichkeiten von Sozialarbeit und Sozialpädagogik bei der Assistenz geistig behinderter Menschen. Diplomica Verlag.

Aselmeier, L. (2003). Supported Living. Offenen Hilfen für Menschen mit geistiger Behinderung in Großbritannien. Zentrum für Planung und Evaluation Sozialer Dienste der Universität Siegen.

Aselmeier, L. (2008). Community Care und Menschen mit geistiger Behinderung: Gemeinwesenorientierte Unterstützung in England, Schweden und Deutschland. VS Verlag für Sozialwissenschaften. Wiesbaden.

Auswärtiges Amt (2017). Großbritannien, Online im Internet unter: http://www.auswaertiges-amt.de/DE/Aussenpolitik/Laender/Laender-infos/01-Laender/Grossbritannien.html?nnm=383178, (Stand: 16.06.2017)

Auswärtiges Amt (2017). Deutschland, Online im Internet unter: http://www.auswaertiges-amt.de/DE/Aussenpolitik/Laender/Laender-infos/01-Laender/Deutschland.html?nnm=383178, (Stand: 16.06.2017)

Auswärtiges Amt (2017). Schweden, Online im Internet unter: http://www.auswaertiges-amt.de/DE/Aussenpolitik/Laender/Laender-infos/01-Laender/Schweden.html?nnm=383178, (Stand: 16.06.2017)

AWO Kiel (o.J.). Die Elemente des Normalisierungsprinzips, Online im Internet unter: http: //www.awo-kiel.de/fileadmin/pics/Kinderhaeuser/Heilpa-edagogische_Dienste-Normalisierungsprinzip.pdf, (Stand: 03.06.2017)

Bezirk Oberfranken (2017). Richtlinien des Bezirks Oberfranken für das Betreute Wohnen volljähriger Menschen mit Behinderung in Familien (BWF), Online im Internet unter: http://www.bezirk-oberfran-ken.de/fileadmin/3_Soziales/sozialhilfetraeger/Richtlinien_Gastfami-lien.pdf, (Stand: 09.06.2017)

Boban, I. (2013), Inklusive Pädagogik, inclusive education, In: Theunissen, G. (Hrsg.). Handlexikon geistige Behinderung. Schlüsselbegriffe aus der Heil- und Sonderpädagogik, sozialen Arbeit, Medizin, Psychologie, Soziologie und Sozialpolitik. Kohlhammer. Stuttgart.

Bolling, J. (2013). ENIL Personal Assistance Template, Online im Internet unter: http://www.enil.eu/wp-content/uploads/2013/02/PA-SWEDEN.pdf, (Stand: 16.06.2017)

Buchka, M. (2003). Zukunftsmodelle integrativer Begleitung in Dorfgemeinschaften. Anmerkungen zum Thema und Perspektiven auf ein mögliches Gestaltungselement, Zeitschrift Seelenpflege 1/2003, Online im Internet unter: http://anthromedia.net/fileadmin/user_upload/heilpaedagogik/Buchka_Zukunftsmodelle.pdf, (Stand: 09.06.2017)

Bundesarbeitsgemeinschaft der überörtlichen Träger der Sozialhilfe (BAGüS) (2017). Kennzahlenvergleich Eingliederungshilfe der überörtlichen Träger der Sozialhilfe 2015, Online im Internet unter: http://www.lwl.org/spur-download/bag/kennzahlenbericht2015.pdf, (Stand 08.06.2017)

Bundesinitiative Daheim statt Heim e.V. (o.J.). Online im Internet unter: http://www.bi-daheim.de/de/ueberuns/was-wir-tun.php, (Stand: 03.06.2017)

Bundesministerium für Arbeit und Soziales (2016). Rehabilitation und Teilhabe Behinderter Menschen. Online im Internet unter: https://www.bmas.de/SharedDocs/Downloads/DE/PDF-Publikationen/a990-rehabilitation-und-teilhabe-deutsch.pdf?_blob=publicationFile, (Stand 29.05.2017)

Bundesministerium für Arbeit und Soziales (2006). Bericht der Bundesregierung über die Ausführung der Leistungen des Persönlichen Budgets nach §17 des Neunten Buches Sozialgesetzbuch (SGB IX), Online im Internet unter: https://www.lebenshilfe.de/wData/downloads/themen-recht/ausfuehrungpersoenlichesbudget.pdf, (Stand: 16.06.2017)

Department for Work and Pensions (2017). Family Resources Survey 2015/16, Online im Internet unter: https://www.gov.uk/government/statistics/family-resources-survey-financial-year-201516, (Stand: 17.06.2017)

DESTATIS (2015). Statistik der Sozialhilfe. Online im Internet unter: https://www.destatis.de/DE/Publikationen/Thematisch/Soziales/Sozialhilfe/Eingliederungshilfe_Behinderte5221301137004.pdf?_blob=publicationFile, (Stand 12.01.2017)

Deutsches Institut für Menschenrechte (2017). Behindertenrechtskonvention (CRPD), Online im Internet unter: http://www.institut-fuer-menschen-rechte.de/monitoring-stelle-un-brk/un-behindertenrechtskonvention/, (Stand: 22.06.2017)

DIjA (2017). Integration und Inklusion: Integration von Kindern und Jugendlichen mit Migrationshintergrund Inklusion Jugendsozialarbeit und Hilfen für Kinder, Online im Internet unter: https://www.dija.de/laenderinfos-grossbritannien-ni/aktionsfelder-im-kinder-und-jugendbereich-uk/integration-und-inklusion/, (Stand: 22.06.2017)

DIjA (2017). Integration und Inklusion: Integration von Kindern und Jugendlichen mit Migrationshintergrund Inklusion Jugendsozialarbeit und Hilfen für Kinder, Online im Internet unter: https://www.dija.de/laenderinfos-schweden/aktionsfelder-im-kinder-und-jugendbereich-se/integration-und-inklusion/#c5108, (Stand: 22.06.2017)

DIMDI (2016). ICD – 10 – WHO Version 2016, Online im Internet unter: https://www.dimdi.de/static/de/klassi/icd-10-who/kodesuche/online-fassungen/htmlamtl2016/block-f70-f79.htm, (Stand: 17.06.2017)

Duden (2017). Integration, Online im Internet unter: http://www.duden.de/rechtschreibung/Integration, (Stand: 05.06.2017)

Duden (2017). Inklusion, Online im Internet unter: http://www.duden.de/rechtschreibung/Inklusion, (Stand: 05.06.2017)

Fink, F. (1996). Behindertengerechtes Wohnen, In: Zwierlein, E., Handbuch Integration und Ausgrenzung: Behinderte Menschen in der Gesellschaft. Herrmann Luchterhand Verlag.

Frach, F. (2015). „Geistige Behinderung". Über den Umgang mit dem Begriff und den betroffenen Menschen. Diplomaca Verlag.

Friedmann, N. (2015). Integration vs. Inklusion. Die Möglichkeit der praktischen Umsetzung im Elementarbereich, Diplomica Verlag.

Gerspach, M. et. al. (2004). Institutionelle Förderungsprozesse von Menschen mit geistiger Behinderung. Kohlhammer. Stuttgart.

Gerspach, M. (2004). Aufbau und Struktur des pädagogischen Förderprozesses als Basis einer prozessorientierten Betriebsorganisation. In: Gerspach, M. et. Al., Institutionelle Förderungsprozesse von Menschen mit geistiger Behinderung. Kohlhammer. Stuttgart, S. 88 – 111.

Haveman, M. et. al. (2010). Altern mit geistiger Behinderung. Grundlagen und Perspektiven für Begleitung, Bildung und Rehabilitation. 2. Auflage, Kohlhammer Verlag.

Hayward, R. (2006). Deinstitutionalisation and community living – outcomes and costs: report of a European Study, Online im Internet unter: https://www.kent.ac.uk/tizard/research/DECL_network/documents/DECLOCCountryreportSweden.pdf, (Stand: 16.06.2017)

Herringer, N. (2011). Empowerment. In: Deutscher Verein für öffentliche und private Fürsorge e.V, Fachlexikon der sozialen Arbeit, 7. Auflage, Nomos, S. 232f..

Hinz, A. (2000). Vom halbvollen und halbleeren Glas der Integration – Gemeinsame Erziehung in der Bundesrepublik Deutschland. In: Integration von Menschen mit Behinderung. Entwicklungen in Europa, Luchterhand, S. 230 – 237.

Interessennvertretung Selbstbestimmt Leben in Deutschland e.V. (o.J.). Ursprung der deutschen Selbstbestimmt Leben Bewegung, Online im Internet unter: http://isl-ev.de/index.php?option=com_content&view=article&id=51:geschichte&catid=45&Itemid=415, (Stand: 03.06.2017)

Juris GmbH (1975). Online im Internet unter: http://www.behindertemenschen.de/PDF/VO%2047%20BSHG/gesamt.pdf, (Stand: 05.06.2017)

Klauß, T. (1993). Behinderte Menschen in Familie und Heim, Juventa Verlag.

Krenz, A. et. al. (2013). Bildung durch Bindung: Frühpädagogik. inklusiv und bindungsorientiert, 2. Auflage, Vandenhoeck & Ruprecht.

Lindmeier, B. et. al. (2001). Wohnen oder Unterbringung? – Integrative Wohnkonzepte in Großbritannien, In: Hans, M. et. al. (Hrsg.), Integration von Menschen mit Behinderung – Entwicklung in Europa, Beltz Verlag, S. 299 – 326.

Miteinander leben lernen (2017). Wohnen Inklusive (WI), Online im Internet unter: http://rl.mll-saar.de/?page_id=172, (Stand: 20.06.2017)

Nieß, M. (2016). Partizipation aus Subjektperspektive. Springer Fachmedien. Wiesbaden.

Prochnow, A. (2009). Jetzt entscheide ich! – Mehr Selbstbestimmung durch das Persönliche Budget für Menschen mit kognitiver Beeinträchtigung, Diplomaca Verlag.

Rudloff, W. (2013), Institutionalisierung und Deinstitutionalisierung in der bundesdeutschen Behindertenpolitik (1945-1990), In: Schmuhl, H.-W., et. al. (Hrsg.). Welt in der Welt, Heime für Menschen mit geistiger Behinderung in der Perspektive der Disability History. Kohlhammer Verlag.

Schablon, K. U. (2003). Sorge statt Ausgrenzung – Die Idee der Community Care. 7. Alsterdorfer Fachforum, unter: http://www.beratungszentrum-alsterdorf.de/fileadmin/abz/data/Menu/Fachdiskussion/Alsterdorfer_Fachforum/SorgestattAusgrenzung_3_.pdf, (Stand 01.06.2017)

Schablon, K. U. (2010). Community Care: Professionell unterstützte Gemeinweseneinbindung erwachsener geistig behinderter Menschen: Analyse, Definition und theoretische Verortung struktureller und handlungsbezogener Determinanten. 2. Auflage, Lebenshilfe – Verlag Marburg.

Schmidt, J. (2014). Das Persönliche Budget als Ausweitung der Handlungslogik des Marktes. Strukturelle Risiken für die Lebenslage von Menschen mit Behinderung. Diplomaca Verlag.

Schmiester, C. (2016). Inklusion in Schweden: Behindertenfreundliches System in Gefahr, Online im Internet unter: http://www.deutschlandfunkkultur.de/inklusion-in-schweden-behindertenfreundliches-system-in.976.de.html?dram:article_id=348348, (Stand 17.06.2017)

Schlebrowski, D. (2009). Starke Nutzer im Heim: Wirkung Persönlicher Budgets auf soziale Dienstleistungen. VS Research.

Schwedisches Institut (2000). Tatsachen über Schweden. Die schwedischen Ombudsmänner, Klassifizierung: TS 71 o Odc, Online im Internet unter: http://treffpunkt-schweden.com/assets/files/2009/Die_schwedischen_Ombudsmaenner.pdf, (Stand: 16.06.2017)

Seifert, M. (2006). Pädagogik im Bereich des Wohnens, In: Wüllenweber, E. et. al., Pädagogik bei geistigen Behinderungen. Ein Lehrbuch für Studium und Praxis. Kohlhammer Verlag.

Sozialausschuss (2013). Richtung Inklusion – Herausforderung Komplexein-richtung, Online im Internet unter: https://www.lwl.org/bi-lwl/vo020.asp?VOLFDNR=5742, (Stand 09.06.2017)

Statistisches Bundesamt (2016). 7,6 Millionen schwerbehinderte Menschen le-ben in Deutschland, Online im Internet unter: https://www.desta-tis.de/DE/PresseService/Presse/Pressemitteilun-gen/2016/10/PD16_381_227pdf.pdf;jsessionid=BC79EB14ECE-DAD220DB9F03476186E7C.cae3?_blob=publicationFile, (Stand: 17.06.2017)

Steinger, W. (2013). Die sozialpädagogische Betreuung von Menschen mit geis-tiger Behinderung und psychischer Erkrankung: Dargestellt am Beispiel einer Wohngruppe von geistig behinderten Erwachsenen mit Borderline – Persönlichkeitsstörung. Diplomica Verlag.

Steinhart, I. (2010). Der Weg zu einer inklusiveren Gesellschaft – Herausforde-rung für alle. In: Wittig – Koppe, H./Bremer, F./ Hansen, H. (Hrsg.): Teil-habe in Zeiten verschärfter Ausgrenzung. Kritische Beiträge zur Inklusi-onsdebatte. Paranus Verlag, S. 67 - 77.

Theunissen, G. (2013). Handlexikon geistige Behinderung. Schlüsselbegriffe aus der Heil- und Sonderpädagogik, sozialen Arbeit, Medizin, Psychologie, Soziologie und Sozialpolitik. Kohlhammer. Stuttgart.

Theunissen, G. (2016). Geistige Behinderung und Verhaltensauffälligkeiten. Ein Lehrbuch für Schule, Heilpädagogik und außerschulische Unterstützungs-systeme., 6. Auflage, Kohlhammer. Stuttgart.

Wachtel, G. (2013), Familienentlastender/familienunterstützender Dienst, In: Theunissen, G. (Hrsg.). Handlexikon geistige Behinderung: Schlüsselbe-griffe aus der Heil- und Sonderpädagogik, sozialen Arbeit, Medizin, Psy-chologie, Soziologie und Sozialpolitik. Kohlhammer. Stuttgart.

Wansing, G. (2005). Teilhabe an der Gesellschaft. Menschen mit Behinderung zwischen Inklusion und Exklusion, Springer Fachmedien Wiesbaden GmbH.

Wunder, M. (2010), Inklusion – nur ein neues Wort oder ein anderes Konzept?. In: Wittig – Koppe, H./Bremer, F./ Hansen, H. (Hrsg.). Teilhabe in Zeiten verschärfter Ausgrenzung. Kritische Beiträge zur Inklusionsdebatte, Para-nus Verlag, S. 22 – 38.